顾问：李学勤 罗哲文 俞伟超 曾宪通 彭卿云

英雄辈出的时代

李默／主编

中华文明是人类历史上最伟大的文明之一，是人类文明发展的主要构成。中华文明丰富、深刻、辉煌、博大，在人类文明中的骨干作用和领导作用人所共知。在人类文明的发源时期，中华文明就是四大古文明之一，是地球上文化的策源地之一。

广东旅游出版社
GUANGDONG TRAVEL & TOURISM PRESS
悦读书·悦旅行·悦享人生

中国·广州

图书在版编目（CIP）数据

英雄辈出的时代 / 李默主编 . — 广州 : 广东旅游
出版社 , 2013.1（2024.8 重印）
　 ISBN 978-7-80766-426-0

　Ⅰ . ①英… Ⅱ . ①李… Ⅲ . ①中国历史—三国时代—
通俗读物 Ⅳ . ① K236.09

　中国版本图书馆 CIP 数据核字 (2012) 第 257522 号

出 版 人：刘志松
总 策 划：李 默
责任编辑：张晶晶　黎　娜
装帧设计：盛世书香工作室　腾飞文化
责任校对：李瑞苑
责任技编：冼志良

英雄辈出的时代
YING XIONG BEI CHU DE SHI DAI

广东旅游出版社出版发行
（广东省广州市荔湾区沙面北街 71 号首、二层）
邮编：510130
电话：020-87347732（总编室）020-87348887（销售热线）
投稿邮箱：2026542779@qq.com
印刷：三河市嵩川印刷有限公司
　　　（河北省廊坊市三河市杨庄镇肖庄子村）
开本：650×920mm　16 开
字数：105 千字
印张：10
版次：2013 年 1 月第 1 版
印次：2024 年 8 月第 3 次印刷
定价：45.80 元

出版者识

　　《话说中华文明》是一部全景式图文并茂记录中国文明历史的大书。出版者穷数年之力，会集各方力量——专家、学者、编辑、学术顾问们，在浩如烟海的历史档案、资料、著作中，探珍问宝，追寻中华文明在悠悠历史长河中的灿烂之光。此书的出版，凝聚了编撰者的心血，学术顾问们的智慧。尤其是李学勤先生，亲自动笔写下了序言，更增加了本书沉甸甸的分量。

　　中华文明的历史充满了辉煌与苦难，成就和挫折。它的历史无处不在，决定着我们中国人今天的思想和感情。当今的中国和中国人是中华文明的历史造就的，是中华文明的历史的延伸，也是它的一个组成部分，中华文明的历史之河奔流到现在。

　　中华文明是人类历史上最伟大的文明之一，是人类文明发展的主要构成。中华文明丰富、深刻、辉煌、博大，在人类文明中的骨干作用和领导作用人所共知。在人类文明的发源时期，中华文明就是四大古文明之一，是地球上文化的策源地之一。在人类文明的早期，中华文明成为文明在东方的支柱，公元前后200年间，人类的汉帝国与罗马帝国这两只铁手攫住了地球。在欧洲进入中世纪的时候，中华文明更成为人类文明最主要的领导，它的文明统治东亚，传遍世界。进入近代，中华文明处于自身的重压和西方的欺凌下，但中国人民的斗争史和奋起精神是人类文明历史中不可缺少的一页。

　　五千年的中华文明为人类贡献出了从思想家孔子到科学技术的四大发明、从唐诗宋词到长城运河的伟大创造，贡献出了从诸子百家到宋明理学、从商周铜器到明清文学的深刻内涵，也贡献出了从五霸七强到三国纷争、从文景之治到十大武功的辉煌历史。中华文明的历史绚烂多彩，在人类文明的历史长河中永放光芒。

　　中华文明也是人类历史上最独特的文明，没有哪一个文明像中华文明这样持久，这样统一一致。世界上其他文明不但互相交错，其创造者也都与高加索体质的人种有关，它们是姐妹文明。在人类历史中，只有中华文明才是独特的，它的创造者是中国土地上的中国人民，与其他任何地方的人民都没有关系，它的文化是统一一致的文化，可以不依赖于其他任何文明而生存，但中华文明也绝不是封闭的，它接受他人的文化，也承担自己对于人类的责任。

　　人类进入新世纪，中国的社会经济发展令世人瞩目。人们对于世界未来的政治和经济结构的估计无不以东亚和太平洋为中心，而尤以中国为重点。

　　经济起飞只是当代中国的一个方面，中国的精神文明的建设尤为刻不容缓。如果中国要自觉地发展中华文明，要有意识地使中国的发展具有世界意义，就必须发展强有力的精神文化，这样才能使中华文明的发展进入一个新的阶段，才能形成中国和中华文明的全面现代化。

而中国的精神文化的发展植根于中华文明的伟大传统之中。进入近代之后，在西方文化的冲击下，对于中国文化的价值产生大量的情绪化和激烈冲突的论调。"五四"运动打倒孔家店的口号具有冲破封建束缚的时代意义，对中国文化的发展有不容否认的正面意义，与文化虚无主义是完全不同的。文化虚无主义者否定中国传统文化，在现代化的旗帜下主张全盘西化；而复古主义则沉迷于中国文化的古董，走进反进步、反科学的泥潭。

历史的发展则超越了所有这些论点，产生这些论调的一百多年来的中国近代史已经结束。历史要求中国发展，要求中国走在全世界发展的前列。西化论和复古论都已过时，历史已经要求世界超越西方，中国可以承担起世界的命运，而中国的现实和世界的历史都说明，中国的使命在于它的发展前进，而非倒退。

中华文明走出迷惘的时代，我们这一代处在一个伟大而具有挑战的历史阶段。

总结历史、展望未来，这就是《话说中华文明》的意义和使命。我们创作《话说中华文明》，力求总结和回顾中华文明的全貌，在内容和形式上都开创一个新的局面。在内容结构上，既具有一定的深度，又具有相当的广博性，既有严谨、准确的学术价值，又有活泼、流畅的可读性。本丛书容纳了中华文明的各个方面，使它综合了大规模学术著作的系统性、严密性，和普及读物的全面性、简易性，它既可作为大型工具书检索中华文明的各个成分，又可作为通俗的读物进行浏览。

我们从上世纪90年代初起就开始思考中华文明的历史和现实问题，并逐渐形成了编著《话说中华文明》的设想。在开展这项庞大的文化工程之始，我们就聘请了国内权威学者李学勤、罗哲文、俞伟超、曾宪通、彭卿云诸先生担任学术顾问，他们对计划作了充分讨论，并审阅了大量初稿。我们聘请了广州、香港地区的社会科学学者、大学教师、研究生以及我社编辑人员几十人担任稿件的撰写工作。

通过创作这部书，我们深深地感受到了中华文明的博大精深，也感受到了它的内在缺陷。中华文明具有辉煌的时期，也有苦难的年代，有它灿烂的成就，也有其不足的方面。中华文明在自身中能够吸取充分的经验和教训，就能够使自身健康壮大，成长发展。

通过创作这部书，我们也深深感受到了出版事业的使命和重任。我们希望这部书能受到广大读者的喜爱，起到它所应当起的作用。为中华文明的反省、前进和奋起作一点贡献。

目 录

英雄辈出的时代

英雄辈出的时代

三
国

220 ~ 230A.D.

三国

220A.D. 汉延康元年 魏文帝曹丕黄初元年

正月，曹操死，子丕袭爵，嗣为丞相。十月，曹丕称皇帝。

221A.D. 魏黄初二年 汉昭烈帝刘备章武元年

四月，刘备称皇帝于成都，改元章武，是为汉昭烈皇帝。孙权徙都鄂，改名武昌。八月，孙权称臣于魏；魏封之为吴王，加九锡。

222A.D. 魏黄初三年 汉章武二年 吴王孙权黄武元年

汉昭烈帝攻吴，驻夷道、猇亭。六月，吴将陆逊大破汉兵于猇亭，汉昭烈帝败遁白帝城。十一月，吴与汉复交。

223A.D. 魏黄初四年 汉章武三年 吴后主刘禅建兴元年 吴黄武二年

四月，汉昭烈帝死，子刘禅嗣位。改元。支谦在吴译经。

225A.D. 魏黄初六年 汉建兴三年 吴黄武四年

七月，诸葛亮破杀雍闿、高定等，七俘孟获七释之，南中四郡大定。

226A.D. 魏黄初七年 汉建兴四年 吴黄武五年

正月，魏文帝死，皇太子睿嗣位，是为明皇帝。大秦（罗马）商人王吴受孙权接见。

228A.D. 魏太和二年 汉建兴六年 吴黄武七年

汉诸葛亮出祁山攻魏，天水、南安、安定皆响应；魏遣张郃拒之，郃大败汉将马谡于街亭。

229A.D. 魏太和三年 汉建兴七年 吴大帝孙权黄龙元年

四月，吴王孙权称皇帝，改元，是为吴大帝。九月，吴大帝迁都建业。

226A.D.

阿塔泽尔士举兵独立，脱离帕提亚统治，建立萨珊尼王朝（226 ~ 251）。

229A.D.

阿塔泽尔士王与罗马战（229 ~ 232），罗马皇帝塞维拉斯战败。阿塔泽尔士命僧侣首领阿达维拉夫将索罗阿斯特教教义写成阿维斯德经。

曹操作四言乐府

　　曹操（155 ～ 220），字孟德，沛国谯（今安徽亳县）人，是汉末杰出的政治家、军事家、诗人。他的文学成就主要表现在诗歌创作方面。

　　曹操的诗歌创作继承了汉乐府民歌的现实主义精神和表现形式，他现存的近20首诗几乎都是四言乐府。这些诗虽沿用汉乐府古题，却没有因袭古辞古意，而是本着乐府民歌"缘事而发"的传统，随意抒情写事。曹

曹操像

操在四言乐府诗中反映的主要内容是汉末群雄杀伐，社会动乱的现实，同时抒发了他作为一个政治家忧时怜民的深沉感慨。《薤露行》描写了汉末大将军何进谋诛宦官事败，以致董卓作乱京师的史实。《蒿里行》在内容上紧相承接，诗中写道："……铠甲生虮虱，万姓以死亡。白骨露于野，千里无鸡鸣。"如实地展示了兵燹造成的惨景，对人民在军阀混战中遭受的苦表示了深切的同情。这两首诗乐府旧题本是挽歌，曹操用以写时事，故明人钟惺赞之曰"汉末实录，真诗史也"。曹操四言乐府诗的另一内容是抒写个人雄视天下的政

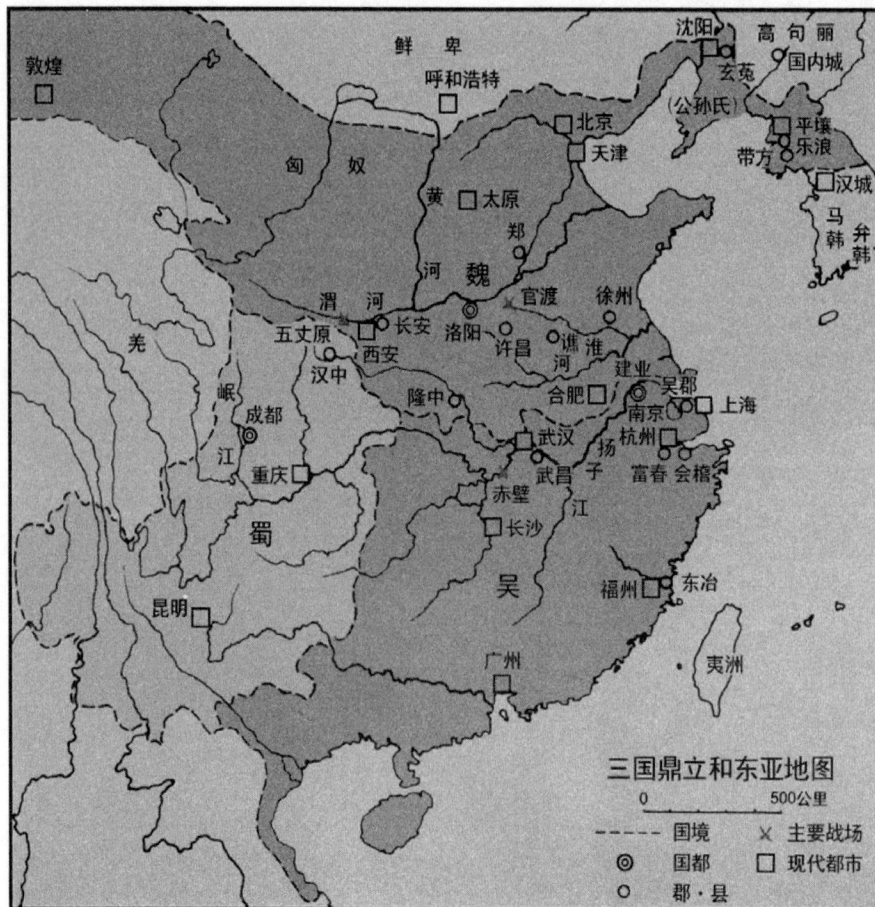

三国鼎立和东亚地图

| 0 | 500公里 |

- ----- 国境 ✕ 主要战场
- ◎ 国都 □ 现代都市
- ○ 郡·县

治理想和自强不息的进取精神。这类诗具有较强的抒情色彩，其代表作有《短歌行》、《龟虽寿》等。《短歌行》抒发了诗人对时光流逝而功业未成的感慨——"对酒当歌，人生几何？譬如朝露，去日苦多。慨当以慷，忧思难忘……"并反复咏叹了他思念贤才，完成统一事业的宏大抱负。《龟虽寿》中的"老骥伏枥，志在千里，烈士暮年，壮心不已"是千古传颂的名句，将诗人老当益壮，积极建功立业的英雄气概表现得磅礴酣畅。

曹操四言乐府诗的显著艺术特色是本色率真，不事雕琢。在《观沧海》一诗中，他以质朴的语言写出了宇宙的气象万千——"秋风萧瑟，洪波涌起。日月之行，若出其中。星汉灿烂，若出其里。"

曹操四言乐府诗的思想内容和艺术特色决定了其艺术风格是慷慨悲凉、气韵沉雄的。他开创了以乐府古题写时事的传统，其影响从建安时期一直延续到南北朝及至唐代。

曹丕称帝代汉

汉建安二十五年，即魏黄初元年（220）正月，曹操病死，儿子曹丕继位为魏王。同年十月，汉献帝让位，曹丕称帝（是为魏文帝）。至此，历14帝、195年的东汉王朝名实俱亡。

十月十

三日，早已徒存名号的汉献帝刘协被迫将象征皇位的玺绶诏册奉交曹丕，宣布退位。曹丕照例三让之后于同月二十九日升坛受禅，登上皇帝的宝座，因原为魏王，故改国号为魏，建元黄初。十一月一日，曹丕封刘协为山阳公，

英雄辈出的时代

魏文帝曹丕像

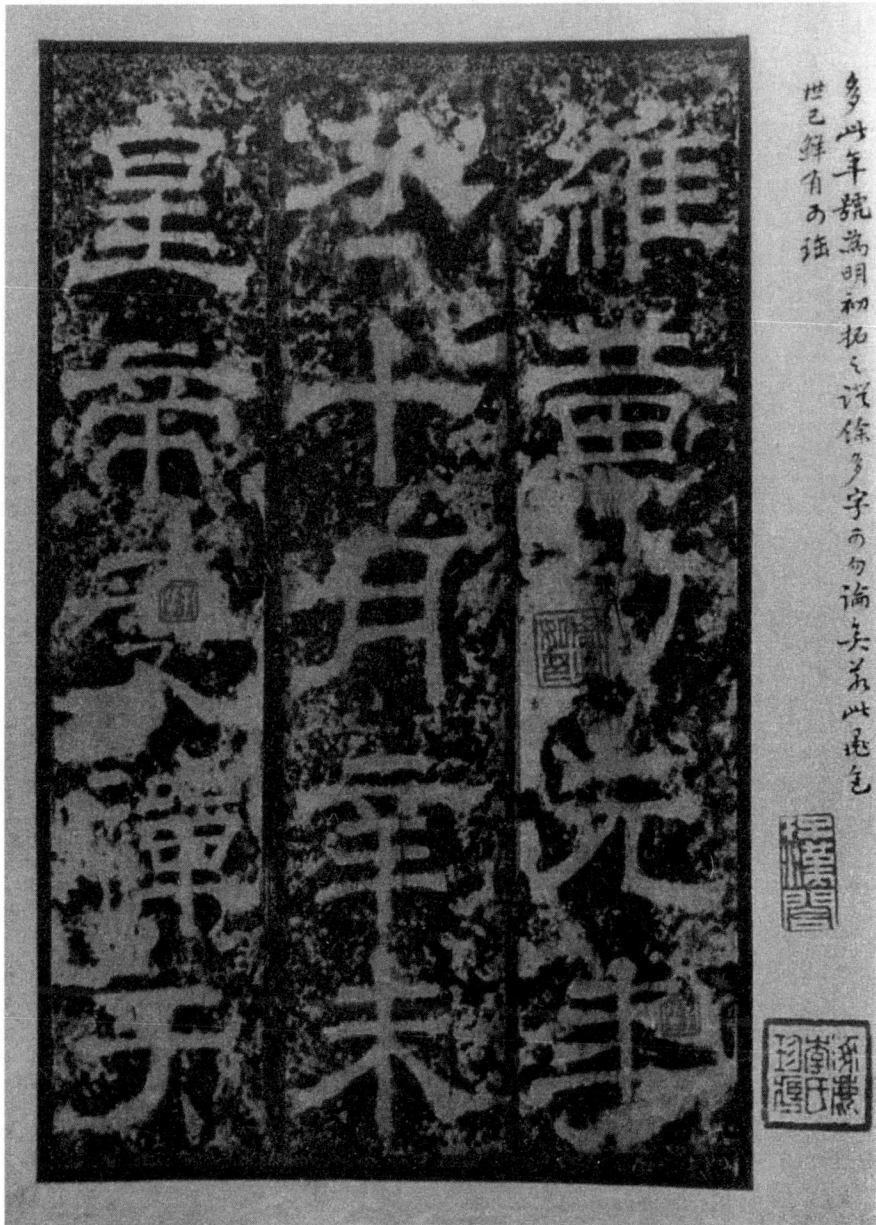

多此年號為明初拓之證係多字勿論矣若此處乇世乇鮮有勿強

魏受禅表碑

建安十五年，曹操建成古建筑群铜雀台，曾率诸子作赋庆贺。图为铜雀台出土石狮。

允许行使汉朝正朔和使用天子礼乐。同时追尊曹操为武皇帝，庙号太祖。且授匈奴南单于呼厨泉魏国玺绶，并赐青盖车、乘舆等。十二月，定都洛阳。

　　曹丕趁改朝换代之际，对职官制度进行了若干重要改革。代汉之前，已颁布了陈群所立的九品官人法，严禁宦官干政。称帝后，改相国为司徒，御史大夫为司空，由此恢复了被曹操于汉建安十三年（208）废除的三公官制（太尉、司徒、司空）。而此后司徒、司空位号虽尊奉，但一般不干预朝政。曹丕又设秘书省为中书省，置监令，主管通达百官奏事，起草诏令，以此分掉尚书部分权力，改变东汉后期尚书权职过重的现象。稍后又颁诏禁绝后族辅政，以革除东汉外戚专权的弊病。这些改革都在一定程度上加强了君主专制，在职官制度史上产生了深远的影响，如三省制中的中书置省，就是曹丕创设的。在经济方面，曹丕继续推行屯田制，重视水利建设。总之，曹丕称帝代汉后，魏国实力进一步增强。

曹操病逝

汉建安二十五年（220）正月二十五日，政治家、军事家、诗人、一代霸主曹操在洛阳病逝，终年 66 岁，葬于高陵（今河北临漳西南）。

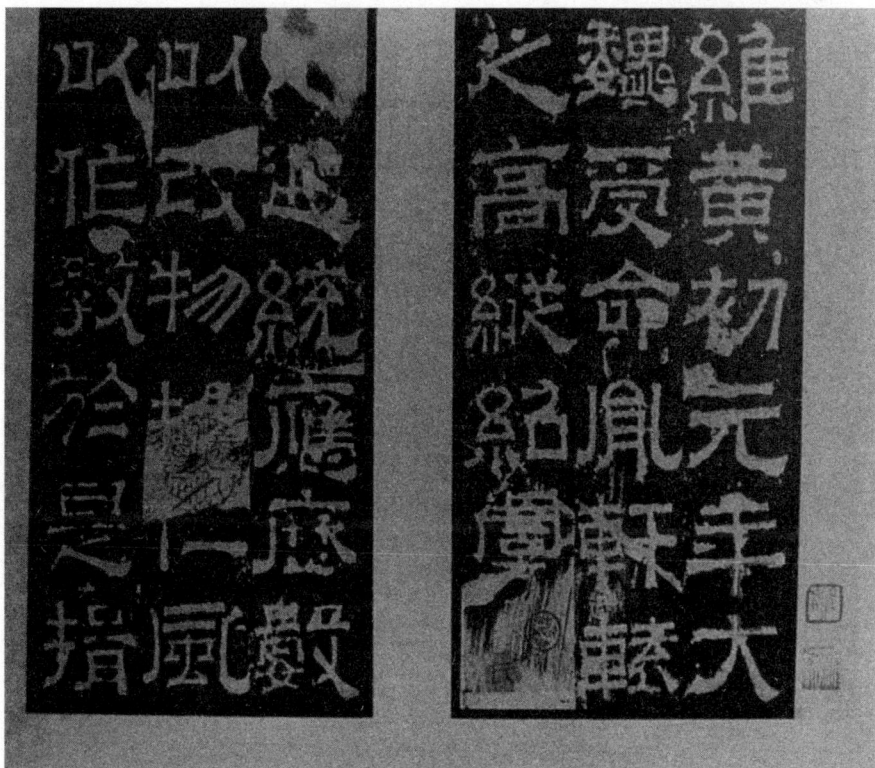

魏孔羡碑

曹操，字孟德，小名阿瞒，沛国谯（今安徽亳县）人。20岁被推举为孝廉，后因镇压黄巾起义有功升为典军校尉。建安元年（196）在国都许昌迎接汉献帝刘协，"挟天子以令诸侯"，相继削平吕布、袁绍等割据势力，统一北中国，使北方经济得到恢复和发展。建安十三年（208）进位相国。二十一年（216）被封为魏王。

曹操崇尚申韩刑名之学，赏罚严明，终身致力于重建和强化中央集权。用人不拘一格，唯才是举，知人善任。推行屯田制，兴修水利，使汉末凋敝的北方农业生产有所恢复。提倡节俭，且以身作则，蔚成俭朴的社会风气。曹操善于用兵，精于兵法，著有《孙子略解》、《兵书接要》等书。擅长诗歌，作有《蒿里行》、《短歌行》、《步出夏门行》、《观沧海》等篇，散文也清峻质朴，《让县自明本志令》是其代表作。他的诗文开建安文学清峻、通脱的风气之先声，是"建安文学"的代表作家之一。

刘备称帝

蜀章武元年（221）四月，汉中王刘备在成都改元称帝。

魏黄初元年（220）十一月，曹丕称帝后，蜀中传闻汉献帝刘协已被杀害，身为皇室的刘备于是发丧制服，追尊刘协为孝愍皇帝。事后，刘备部下争着说符瑞，纷纷劝刘备即帝位，刘备没有答应。军师诸葛亮上言，认为如果不听从大家的建议，恐怕人心离散。于是刘备才同意，并让军师诸葛亮、博士许慈、议郎孟光设定礼仪，选择吉日良辰，上了尊号。前部司马费诗进言，说刘备"大

敌未克而先自立"，"未出门庭，便欲自立"。刘备很不高兴，便将费诗贬为益州刺史部永易从事。魏黄初二年（221）四月六日，刘备在成都即皇帝位，此即汉昭烈皇帝、蜀先主。因为他以兴复汉室为己任，所以国号仍为汉，改元章武。因仅有益州一隅之地，又称"蜀汉"或"季汉"。刘备以诸葛亮为丞相，许靖为司徒。设置百官，建立宗庙，祭祀先帝。五月十二日，刘备立夫人吴氏为皇后，立儿子刘禅（阿斗）为太子。娶车骑将军张飞的女儿为皇太子妃。

孙权向魏称臣

建安二十四年（219），刘备攻取汉中，关羽又自江陵北伐，在樊城围攻曹操守将曹仁。在这种形势下，曹魏派遣使者去同孙权结盟，而孙权也对刘备久借荆州不还感到不满，所以听取部将吕蒙的建议，袭击江陵，斩杀关羽。刘备为此大怒，气势汹汹起兵攻吴。在这紧急关头，孙权连忙派使者于魏黄初二年（221）八月到魏国，卑辞奏章，主动称臣，并送还了魏将于禁。魏国朝廷都互相庆贺，独有侍中刘晔认为：孙权这时求降，自是因为刘备兴师攻伐，吴害怕魏乘机渔利，才主动求和。这样做，一方面可以解除魏的威胁，一方面又可以借与魏亲好来增加自己打击蜀国的筹码。因此刘晔劝曹丕乘机袭吴，吴亡后蜀也就难以久存。曹丕不听。十九日派遣太常邢贞带着封孙权为吴王的文书前往东吴，并加九锡。十一月，邢贞到吴国，吴人认为孙权应称上将军、九州伯，而不应当接受魏国的封号。孙权不听，受了封。吴国将士大多愤愤不平，中郎将徐盛更是涕泣横流。邢贞听说了这些事，觉得江东将相不会甘心久居人下。当月，孙权派中大夫赵咨到洛阳答谢。曹丕又派人到吴国求取雀头香、大贝、明珠、象牙、犀角、玳瑁、孔雀等物，吴臣认为这些东西不是

中华文明

英雄辈出的时代

汉昭帝刘备像

本地出产，不符合进贡的惯例，因而不应该给他。孙权则说，现在正是有求于人家的时候，送点珍玩之物算不了什么。十二月，曹丕打算封孙权的儿子孙登为万户侯，孙权以孙登年幼为由，上书推辞，并派西曹椽沈珩前往答谢。曹丕探询吴是否有将太子孙登送入魏国当人质的想法，沈珩说没有。可见，吴国当时曲意逢迎魏国，自然是权宜之计。

陆逊败刘备于猇亭

蜀章武元年（221）六月，刘备为了夺回荆州和替关羽报仇，急急出兵三峡，进攻孙吴。从当时形势上来说，应该恢复吴蜀联盟，共拒曹魏，而不宜加深蜀吴之间的矛盾，消耗削弱自己的力量，所以刘备部下多人进行劝阻。翊军将军赵云就这样认为：如先灭魏，则孙权自服，不应置魏不顾而与孙权作战，因

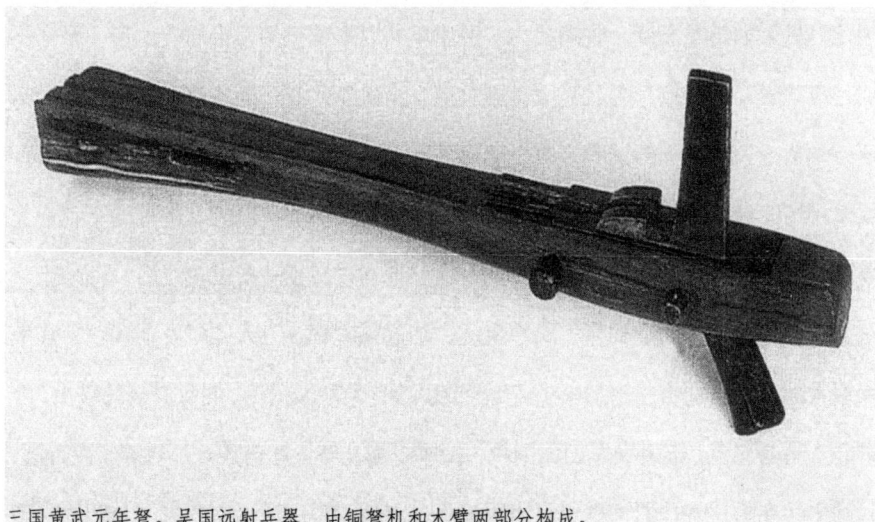

三国黄武元年弩。吴国远射兵器，由铜弩机和木臂两部分构成。

为国贼是曹操而不是孙权。刘备不听，处士秦宓讲天时不利，被下狱。当时孙权也遣使求和，吴权臣诸葛瑾还写信给刘备，要他权衡关羽与献帝（当时传说献帝已被魏所杀），究竟谁亲？荆州和天下，究竟谁大？应该区别大小亲疏，决定先攻打谁。但刘备一概拒绝。七月，刘备亲自率领大军进攻吴国。他先派吴班、冯习带兵在巫县（今四川巫山）攻破吴将李异、刘阿，进军秭归（今属湖北）；然后以冯习为大都督、张南为前部督，将数十万大军分数十营驻扎于从巫峡东南的建平到夷陵（今湖北宜昌市东）一带数百里的地域间。又命黄权为镇北将军，驻军长江北岸，以防魏军。再遣使联合五陵少数民族首领沙摩柯，许以封赏，请他出兵相助。然后刘备亲率主力，越过夷陵而进驻猇亭（今湖北宜都县北），摆开了与吴国决战的阵势。

孙权请和不得，只好迎战。他命陆逊为大都督，率领朱然、潘璋、宋谦、韩当、徐盛、孙桓等将领及士卒5万人进行抵抗。两军对峙，吴国将领多次请求发动进攻，都被陆逊拒绝，因此很气愤，都以为陆逊畏惧刘备。陆逊则认为刘备举军东下，锐气正盛，而且据高守险，难以进攻，即使进攻获胜，也难以尽歼敌人。因此陆逊采取持重态度，收缩兵力，退出巫峡以东狭长的崇山峻岭地带，坚守不战，以观察对方弱点，寻找克敌制胜之道。至次年六月，刘备见久持不决，令吴班带领数千人平地立营诱敌进攻，陆逊并不上当。因相持过久，又值天气炎热，蜀军神情疲惫，意志消退。至闰六月，陆逊觉得决战时机已到。他见蜀军在炎炎夏日中连营数百里，决定采用火攻的办法。他在进行了一次试攻之后，即令士兵每人持茅草一把，火烧蜀营，蜀军大乱，陆逊乘胜率5万人同时发动猛攻，连破蜀军40余营，斩蜀将张南、冯习以及少数民族首领沙摩柯等。刘备逃至马鞍山（今湖北宜昌西北），陆逊率军四面围攻，蜀军土崩瓦解，死伤数万。刘备连夜奔逃，驿站士兵在隘口焚烧器械铠甲以阻断追兵，刘备才得以逃入白帝城（今四川奉节

东）。蜀军舟船、器械，以及其他军用物资，损失殆尽，军队也大受杀伤。蜀将傅肜、从事祭酒程畿战死，侍中马良遇害。即历史上有名的"猇亭之战"，以刘备兴师伐吴开始，以吴国以少胜多、大败刘备而告终。刘备败归白帝城后，忧愤交加，发病不起，于蜀章武三年（223）四月病死于白帝城西的鱼腹县永安宫。蜀国实力也因此大为削弱。

张飞遇害

蜀章武元年（221）六月，刘备准备攻打孙权，命令张飞率兵万人从阆中（今属四川）到江州（今重庆）会合。出发之前，张飞酒醉睡于帐内，被部下张达、范疆刺杀，二人带着张飞的首级顺流投奔了孙权。

张飞，字翼德，涿郡（今河北涿县）人。东汉末年跟随刘备起兵，

张飞像

屡立战功。刘备为汉中王时，委任张飞为右将军、假节；刘备称帝后改任张飞为车骑将军，兼任司隶校尉，并封为西乡侯。张飞作为蜀汉大将，雄壮威猛，勇武过人。史载他曾于当阳桥上，横刀立马，一吼而退万军。所以在当时他与关羽一道同被人称为"万人之敌"。张飞爱敬士大夫，但对士卒却不加体恤，常常鞭打士兵，刑罚也过于严厉，因而引起了士兵的怨恨，对此刘备曾多次警戒过他，他却不曾有所改变，导致最终为部下所害。张飞被害后，被追封为桓侯。

刘备托孤于白帝城

蜀章武元年（221）七月，刘备为替关羽报仇，倾全国兵力愤而攻吴。次年在"猇亭之战"中被吴将陆逊打败，逃至白帝城。刘备忧愤交加，而至发病不起。到蜀章武三年（223）三月，自知不久于人世，便召丞相诸葛亮从成都来白帝城领受遗命。当时刘禅年仅16岁，还不能独立主事，又因诸葛亮忠心耿耿，睿智过人，所以刘备诏命诸葛亮一心辅助后主刘禅，兴复汉室，完成统一大业。同时嘱后主刘禅要像对待自己的父亲一样对待丞相诸葛亮，修身方面应做到"勿以恶小而为之，勿以善小而不为"，安排好后事后，四月，刘备抱恨而逝，终年63岁，被追尊为昭烈帝。

白帝庙

英雄辈出的时代

曹丕攻吴

魏黄初二年（221）秋天，孙权因蜀军来犯，害怕魏国也乘机进攻，便主动向魏称臣。魏也不轻易上当，派使者到吴国要吴太子入魏作人质。但孙权指天为誓，涕泪横流，说其诚心可鉴，无须太子为质。魏又打算派侍中辛毗、尚书桓阶到吴盟誓，并征召吴太子，也被孙权拒绝。曹丕大怒，出兵攻吴。黄初三年（222）九月，派征东大将军曹休、前将军张辽、镇东将军张霸出洞口（今安徽和县江边），大将军曹仁出濡须（今安徽曹县南），上军大将军曹真、征南大将军夏侯尚、左将军张郃、右将军徐晃围南郡（今湖北公安）。孙权只好派建威将军吕范督五军，以水军拒曹休，以左将军诸葛瑾、平北将军潘璋、将军杨粲救南郡，以裨将军朱桓守濡须拒曹仁。

尽管经过一段时间的折冲尊俎，孙权维持了近一年时间与魏的和平，因而能集中力量在猇亭之战中一举击败刘备的军队，但扬越蛮夷仍未平定，故这时他仍不想与魏国彻底决裂，所以卑辞上书魏王，宣称如果自己罪大难赦，愿意将土地交还人民；并为太子孙登向魏宗室求婚；又说如果一定要太子入魏为质，请求加派两位大臣随侍。

曹丕回话说只要孙登早晨到，他们晚上便会收兵。十月，孙权改元黄武，临江据守。曹丕也将亲自攻打东吴。十一月，大风吹袭吴将吕范等的船只，兵士死伤数千，余部退回江南。魏黄初四年（223）正月，张郃击破吴将孙盛，夺据江陵（今湖北江陵）中洲。诸葛瑾带兵解围，被夏侯尚击退。魏军围攻

江陵好几个月，没有成功。二月，曹仁攻濡须，被朱桓击败，1000多人死亡，魏将常雕战死，王双被俘。且魏军中开始流行疫病，江水上涨，曹丕采纳了董昭的建议，率军撤退。魏黄初五年（224）八月，曹丕亲率水军第二次攻吴，因遇暴风雨，江水暴涨，只好退兵。黄初六年（225）五月，曹丕第三次率水师征吴，八月入淮，十月至广陵（今江苏扬州），准备渡江。恰在这时，天寒结冰，船不得入江，且吴国严兵固守，只好无功而返。曹丕三次攻吴，收效甚微，而吴这时又已经与蜀修好，此后曹丕就再没有亲征吴国了。

诸葛亮七擒孟获定南中

三国时期，在蜀汉的南部，即今之云南、贵州和四川的南部，当时称为"南中"，散居着许多少数民族，总称为"西南夷"。刘备定蜀后，置都督控制南中，并用南中地区的夷汉豪强担任地方官。但蜀在南中的统治极不巩固。

建兴元年（223）刘备死后，牂柯郡（今贵州凯里西北）太守朱褒，益州郡（今云南晋宁东）的大姓雍闿，越嶲郡（今四川西昌）叟族首领高定同时反叛，雍闿还缚送太守张裔到东吴，并派孟获到各地煽动夷人反对蜀汉。面对这种情况，肩负着统一全国、兴复汉室重任的诸葛亮，就必须安定后方，首先实现他"南抚夷越"的策略。

刘备死后，经过一年多时间的内部整顿，"闭关息民"后，蜀建兴三年（225）诸葛亮亲自带兵南征。出师前，他采纳部将马谡的建议，制定了以抚为主的攻心战术。七月，诸葛亮由越嶲入南中，派马忠率东路军进攻牂柯，消灭朱褒的势力；又派李恢率中路军自平夷（今贵州毕节）直趋益州郡。他亲率主力军进

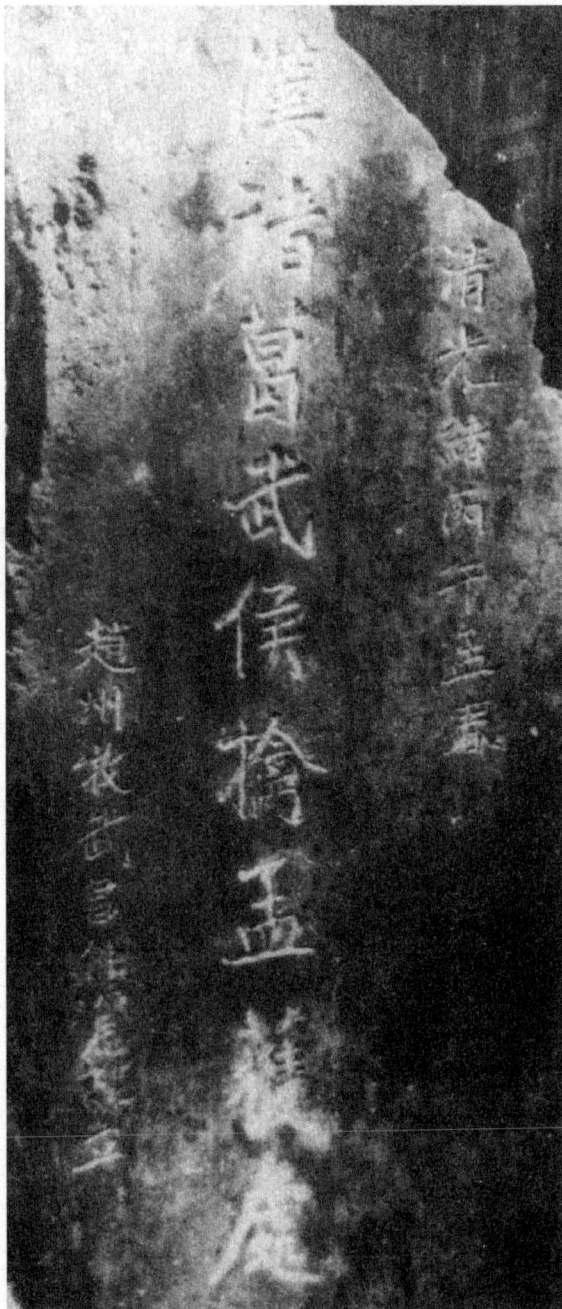

诸葛亮擒孟获处碑

攻高定，接着渡泸水（金沙江）进入益州。这时雍闿已被高定的部下杀死，孟获代替雍闿为主，收集雍闿余部抵抗诸葛亮。孟获在当地少数民族中很有威望，所以诸葛亮根据自己的既定方针，决定生擒孟获，使他心服归降。八月，蜀军在与孟获军接战中，果然生俘孟获。诸葛亮让他参观蜀兵营军阵，问他有何感想。孟获答道："过去不知道蜀军的虚实，所以被打败了。如今承蒙允许参观营阵，如果只是我见到的这种情况，再战时我肯定能够获胜。"诸葛亮听后大笑，立即将孟获释放，让他回去统兵再战，就这样七擒七纵，孟获终于心服口服，发誓南人不再反叛蜀汉了。于是诸葛亮进入滇池，仍然委任孟获等渠帅在当地为官。

诸葛亮七擒孟获平定南中，不仅解除了蜀汉的南顾之忧，稳定了后方，而且从南方调拨了不少人力物力，充实了蜀汉的财政力量，从而可以专心于北方，挥兵北向秦中了。而七擒七纵，折服孟获的过程，更成了我国历史上攻心战术的范例。

魏编《皇览》

魏黄初三年（222），魏编成《皇览》。

东汉末年至三国时代，由于天下大乱，图书典籍散失极多。推崇儒学、颇有才华的魏文帝曹丕对此忧心忡忡，便于延康元年（220）下诏叫刘劭、王象、缪袭、桓范、韦诞等集编群书。被时人称为"儒宗"的王象兼任秘书监，组成编集班子。他们除了从皇室藏书中摄取资料外，又广泛于民间征集图书，然后将这些五经群书分类整理，按部成集。魏黄初三年（222）全书编成，计有40多部，每部数十篇，共1000多篇，总计800多万字。因编集还有一

个目的是供皇帝阅读，所以这部书起名为《皇览》。

《皇览》是我国最早的类书，这部书的编成在当时来说有利于古籍的抢救并促成魏诏贡士主攻经学从而使经学得到进一步发展。但这部书于隋唐后散佚，清代孙冯翼有辑本一卷，录《逸礼》、《冢墓记》二类80多条，还不到4000字。

支谦在吴译经

吴黄武二年（223）西域僧人支谦开始在孙吴翻译佛经。支谦，字恭明，又名越。祖先为大月氏人，生于汉土，汉献帝末年，支谦从洛阳避乱先到吴武昌（今湖北鄂城），后到建业（今江苏南京）。支谦自幼学习中国书典，后跟随著名佛经翻译家支谶的弟子支亮（字纪明）学习佛教，因而博览经籍，深通

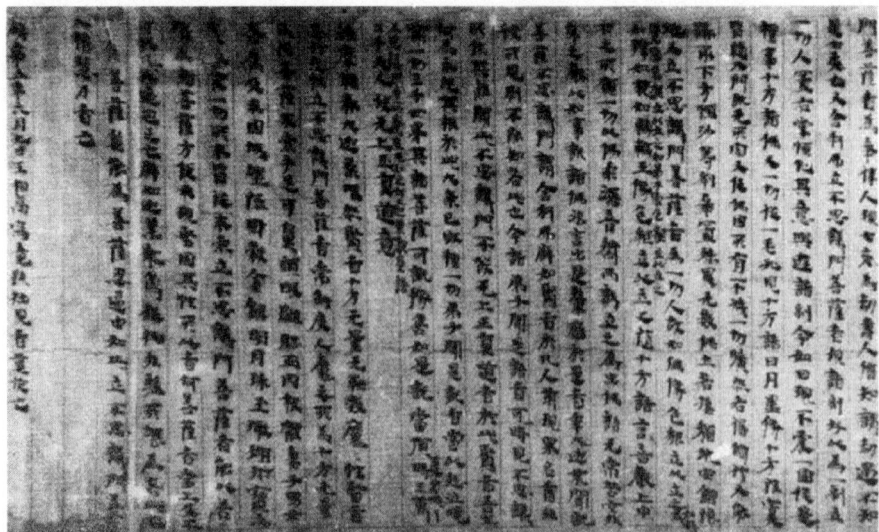

支谦译《维摩诘经》

佛学。他还通晓六国语言，多才多艺，与支谶、支亮名重一时，因此有"天下博知不出三支"之说。孙权授予他博士，并请他作太子的老师。太子登死后（吴赤乌四年，241年），支谦隐居穹隆山中，不参与世务，从沙门竺法兰受持五戒，专事佛僧。

吴黄武二年（223）支谦开始翻译佛经，至吴建兴二年（253），历时30年，共译出佛经49部（一说88部118卷，一说36部48卷），主要有《维摩诘经》、《大明度无极经》、《首楞严经》等。并制《赞菩萨连句梵呗》三契。支谦由于兼通梵汉文字，学贯内外典籍，因此所译佛经文丽简略，义显意明，又较符合汉人习惯。他还开创了佛经翻译的"会译"之法，在译经时把一些名词、概念译成老庄哲学中相应的词语，开了两晋南朝佛教玄学化的先河。

皇帝文学家曹丕病逝

魏黄初七年（226）五月十七日，魏朝建立者、文学家曹丕（魏文帝）在洛阳病逝，终年40岁，被追尊为皇帝。

曹丕，字子恒，沛国谯（今安徽亳县）人，曹操次子。小时候喜好习武、击剑，博贯经史，还曾随曹操征乌桓。汉建安十六年（211）任五官中郎将、副丞相。因兄曹昂早卒，汉建安二十二年即被立为魏王太子。汉延康元年（220）即魏王位，并采纳尚书陈群的建议，实行九品官人法，使士族门阀在政治上的特权得到巩固和确立，因此颇得世家大族的支持。同时，代汉即帝位，建立曹魏政权，在位共7年。曹丕虽在政治上建树不多，但在文学史上却占有重要地位，为建安文学的代表作家之一、当时文坛的领袖，与其父曹操、弟

语说 中华文明

魏曹真碑

曹植并称"三曹"。其诗内容主要反映上层社会的生活，善于描写男女情爱和离愁别恨。形式上则深受民歌影响，语言通俗，描写也较细致。艺术成就很高的代表作《燕歌行》是现存最早、最完整的文人七言诗。他的散文文笔结构流丽，其《与朝歌令吴质书》、《又与吴质书》等，都是传世名作。所著《典论·论文》是我国最早的文学评论专著。文中比较中肯地评论了"建安七子"各自的长处和短处，提出"文以气为主"的观点，并涉及文学评论中文体特征、批评标准以及作家性格与作品风格的关系等重要课题，开中国文学批评之先河。曹丕还命王象、刘劭等人编辑了我国第一部类书《皇览》。

英雄辈出的时代

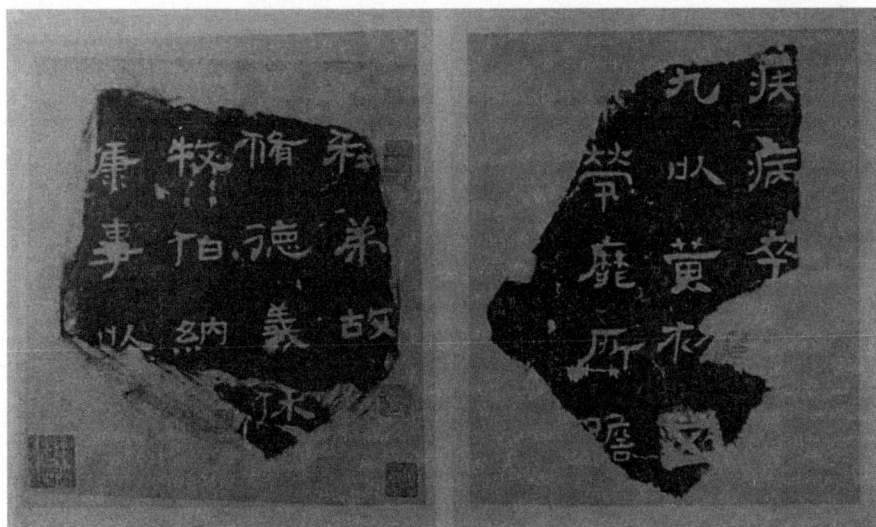

魏黄初残石

他以皇帝的身份高度评价了文学的社会功能，认为"文章经国之大业，不朽之盛事"。他的文学活动不仅大大地促进了当时的文学繁荣，而且为后世留下了许多珍贵的文学遗产。

曹丕死后，皇太子曹睿继位，是为明帝。曹真、陈群、司马懿受遗诏辅政。

诸葛亮六出祁山攻魏

刘备死后，诸葛亮辅佐蜀后主刘禅，在安定内部，经营益州和平定南中后，又恢复了与吴的联盟。自蜀建兴五年（227）起，诸葛亮便开始率军北伐曹魏，至建兴十二年（234）共六次出师，俗称"六出祁山"。

建兴五年，诸葛亮率军北屯汉中，准备北伐。次年（228）正月，诸葛亮派赵云、邓芝诈为疑兵，将魏军部分主力吸引到郿县一线，自己实则亲率

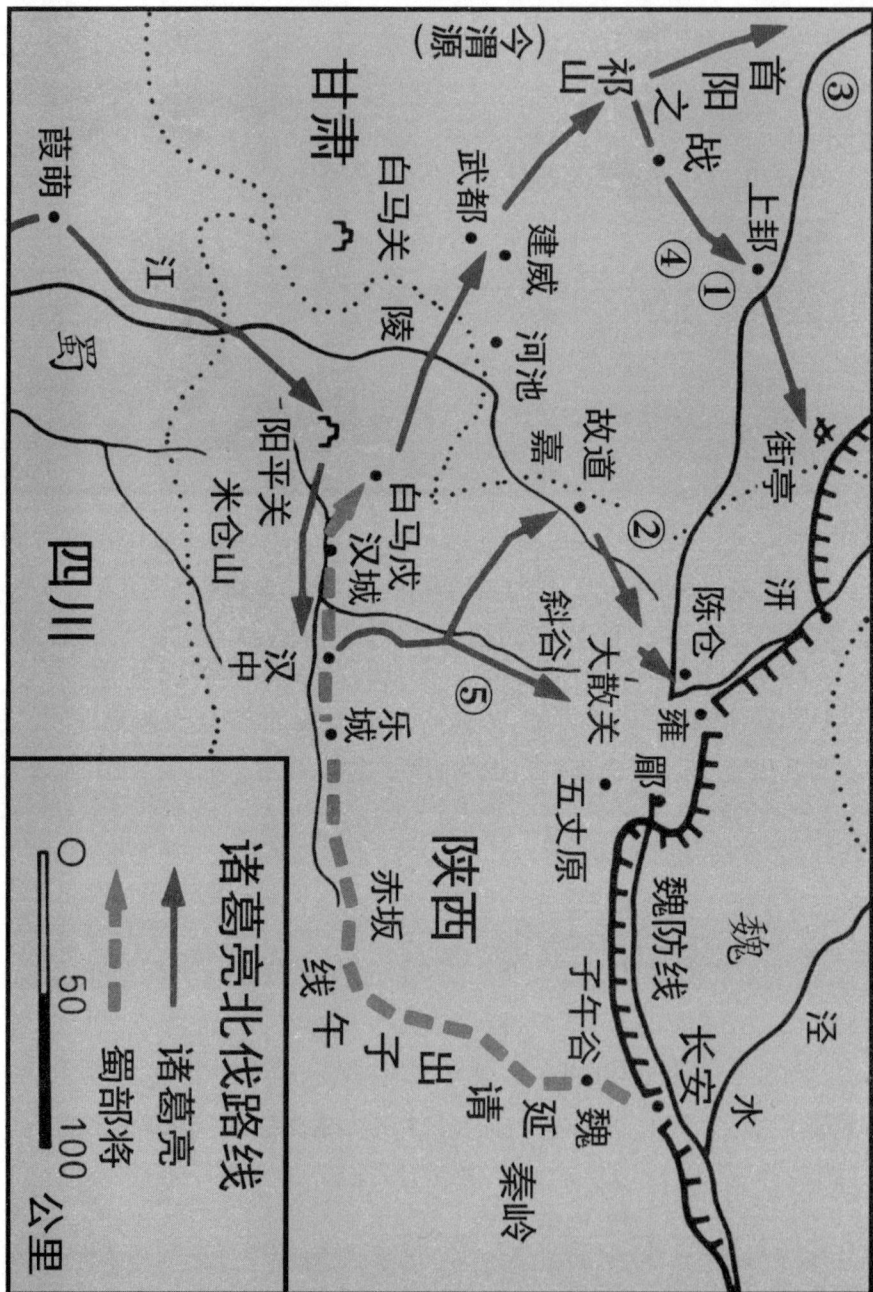

诸葛亮北伐路线

○——50——100 公里

—— 诸葛亮
--- 蜀部将 魏防线

英雄辈出的时代

大军攻祁山（今甘肃西和祁山堡）。诸葛亮兵锋所向，魏军望风披靡，魏天水、南安、安定三郡相继叛魏降蜀，魏国朝野震动，立即派曹真在郿迎敌，派张郃督步骑五万在祁山抗击诸葛亮。诸葛亮派参军马谡为先锋，率军与张郃战于街亭。然而马谡不听诸葛亮的指挥，被张郃切断水道，大败军溃。诸葛亮进无所据，只好率军退回汉中。

同年（228）冬天，诸葛亮听说魏将曹休攻吴失败，魏兵东下，于是第二次出师。诸葛亮引兵数万出散关，围陈仓。因陈仓围攻 20 多天不克，粮尽退兵。

建兴七年（229）春，诸葛亮派陈式进攻魏武都、阴平二郡，取得二郡，班师回蜀。

建兴八年（230），魏将司马懿、张郃、曹真分三路进攻汉中。诸葛亮率军北上，屯于城固（今陕西城固西北）赤坂。适逢大雨，道路不通，魏军因而退回。

建兴九年（231）二月，诸葛亮出军围祁山，造木牛运粮。蜀军斩杀魏军 3000 人，大胜。六月，诸葛亮因粮尽退军。张郃追击，被蜀军射杀。

建兴十二年（234）春，诸葛亮领兵十万出斜谷攻曹魏，四月，蜀军抵郿占据渭水南岸的五丈原（今陕西眉县西南），与北岸二十万魏军相对峙。由于多次军粮不继，中途退军。同年八月，诸葛亮不幸病死，蜀军只好撤退。诸葛亮六次与曹魏的战争，实际上一次为防御战，五次为主动出击，而从祁山出兵仅两次，所以"六出祁山"的说法并不准确。

诸葛亮二上《出师表》

建兴五年（227）三月，诸葛亮率军北驻汉中（今陕西汉中东），准备北伐中原，完成兴复汉室的大业。临出师前，他上《出师表》给蜀帝刘禅，开宗明义地指出："先帝创业未半而中道崩殂。今天下三分，益州疲弊，此诚危急存亡之秋也。"他希望后主能"亲贤臣，远小人"，严明法治。并表明自己的心迹："受命以来，夙夜忧叹，恐托付不效，以伤先帝之明。"认为"今南方已定，兵甲已足，当奖率三军，北定中原"，并以"臣不胜受恩感激，今当远离，临表涕零，不知所言"结束。《出师表》是古代著名的散文作品，其文风质朴清新，平易近人，情辞恳切，肝胆照人。次年正月，诸葛亮兵发祁山，由于前锋马谡违背了指挥，败于街亭（今甘肃庄浪），诸葛亮只好退兵。

同年十一月，诸葛亮听说魏将曹休攻吴失败，魏兵东下，关中空虚，便决定再次出兵击魏，但许多大臣怀有异议，为此诸葛亮第二次上表，请求后主刘禅允许北伐，这就是《后出师表》，其中"汉、贼不两立，王业不偏安"，"鞠躬尽瘁，死而后已"成为千古传颂的名句。

孙权称帝

吴黄武八年，黄龙元年（229）四月十三日，孙权在武昌称帝（即吴大帝），改元黄龙。

孙权自建安五年（200）继其兄孙策的事业，便成为江东一方之主。魏、蜀相继称帝以后，孙权因迫于形势，曲意事魏。孙权在武昌南郊即皇帝位时，因夏口（今湖北武汉）、武昌（今湖北鄂城）都传言黄龙、凤凰出现，于是改元黄龙，立国号为吴，大赦天下。追尊孙坚为武烈皇帝，孙策为长沙桓王，立子

孙权像

孙登为皇太子。九月，孙权迁都建业（今江苏南京）。

孙权称帝，是三国鼎立局面正式形成的标志。三国之中，尽管孙权称帝最晚，但从割据江东起计算，却是历时最久的。

罗马商人秦论入华

罗马帝国（时称大秦）在西汉时期就与中国建立了联系，在三国魏晋时期，除了通过"丝绸之路"与中国北方保持联系外，还通过海路与南中国交往。商人秦论到吴就是一例。

吴黄武五年（226），秦论从海道至交趾（今越南河内东），由交趾太守吴邈派人送他到建业（今江苏南京）。孙权亲自接见秦论，问及方土谣俗秦论——回答。当时诸葛恪讨伐丹阳，俘获当地矮人一批，秦论见了，说他的国家很少见到这样的人。秦论在建业住了七八年，回国时孙权送给秦论矮人男女各 10 人，并派差吏刘咸送秦论回国。

孙权对秦论的礼遇，不仅说明了当时中国与海外的密切交往，也体现了孙吴对商业的重视。

东吴青瓷形成规模

三国时期，雄踞江南的东吴土地肥沃、物产富饶，受战争影响较小，制瓷技术在原有基础上日臻成熟，生产规模比前代扩大了数倍。

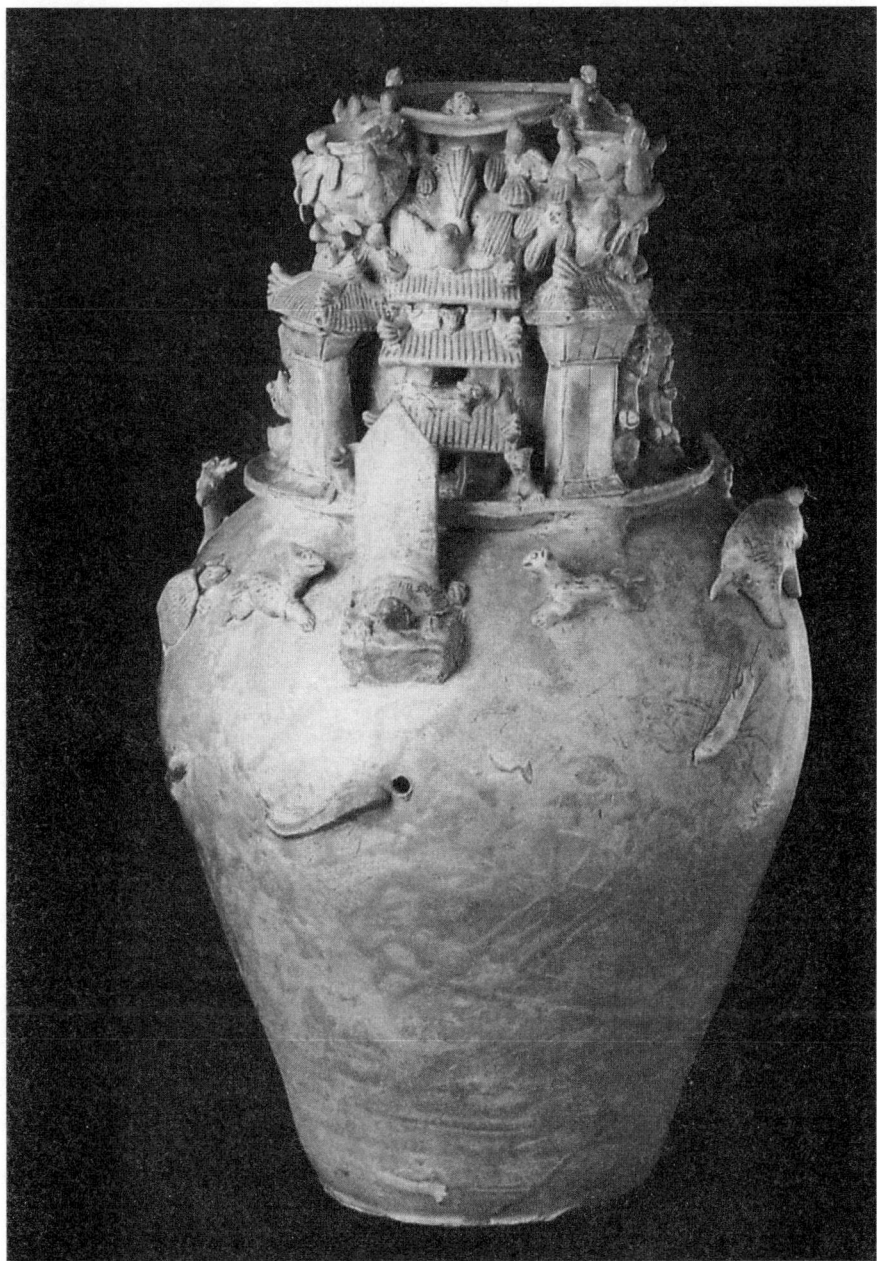

吴永安三年青釉塑贴谷仓

吴越窑鸟形杯

东吴越窑青瓷为南方瓷系的典型代表。青瓷是因为瓷的呈色在氧化焰中烧制成黄色、在还原焰中烧制成青白色而得名。浙江是东吴青瓷主要产地，上虞、永嘉、金华、绍兴等地已发现东吴窑址30多处。长江中

三国青瓷羊

吴凤凰二年青瓷蛙形水盂

吴凤凰二年红陶鸡笼

游的武昌一带在东吴末年也有青瓷的烧制。

三国早期的东吴青瓷大多仍保留东汉时期的风格特色，造型质朴，最常见的是双系壶、双耳罐，颈短、身矮、肩部鼓出，显得浑厚稳重；纹饰也比较单纯，只有弦纹、水波纹和铺首之类。后期器物品种日渐增多，有壶、罐、碗、钵、洗、盒、香炉、唾壶、虎子、熊灯、水注等，尤其是人物楼阁罐最为突出，如东吴永安三年（260）的青釉塑贴谷仓，通体施青绿釉，奇妙魂丽，塑造技巧非常精湛，是孙吴时期难得的青瓷珍品。

东吴越窑青瓷的一大特色是喜用动物作为器物造型以增加美感，如蛙形

吴青瓷熊灯

水注、羊形烛台、鸟形杯,还有形态生动的熊灯、虎子,都利用平凡常见的器型,巧妙地加入动物的形象,获得新奇的艺术效果。

东吴青瓷对两晋制瓷业产生了极大影响,使后来的两晋越窑青瓷,以其特有的优势,经南北朝以迄唐、五代,持续了七个多世纪。

九品中正制建立

公元 220 年,魏文帝曹丕为了使官僚制度真正成为封建国家进行有效治理和政治统治的支柱,开始对直接关系到王朝兴亡,文明盛衰的选官制度实施整顿,采纳了吏部尚书陈群提出的方案,建立了九品官人法,也就是九品

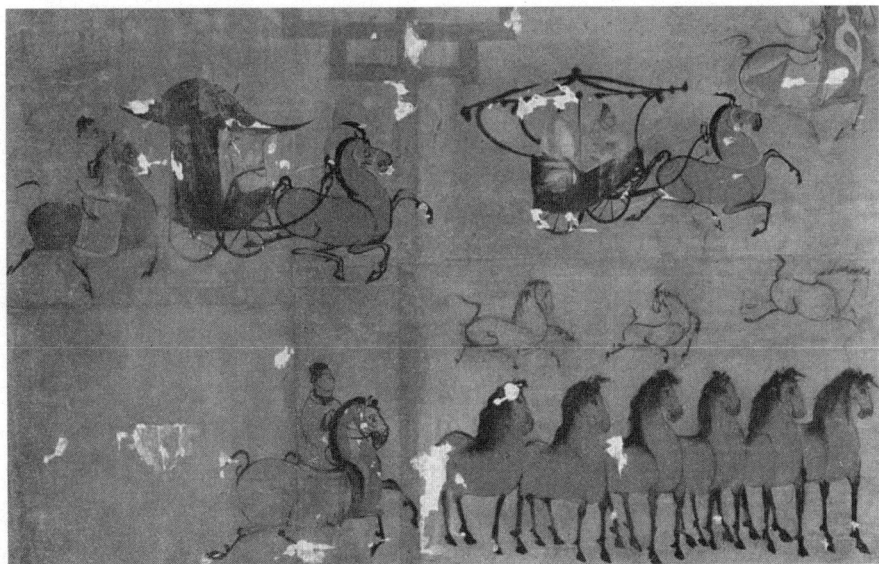

甘肃嘉峪关魏晋墓砖画牧马图。畜牧业的出现,是由狩猎引起的驯化为开端。野生动物被驯化,要经过拘禁、驯化、野牧、定居、放牧等若干阶段。

中正制，成为替代汉代乡举里选的一套新的选官制度。

两汉时期，朝廷根据乡党评议实行征辟，察举选拔官吏，由于豪宗大族、宦门世家逐渐发展，礼教门风、士庶等级在社会上的影响越来越大，东汉末年乡里清议和选举完全被地方大族所控制和操纵。汉末大动乱以后，地方基层乡里制度遭到彻底破坏，乡举里选制度实际上已无法实施。曹操的政治势力上升以后，为了扩大统治基础，提出了"唯才是举"的口号，根据他"非常之才"的构想拔用了不少出身卑贱的治国大才和将帅。

魏文帝遵循曹操关于选举的主张，鉴于天下丧乱之后，人民大量迁移流徙，脱离乡土，士人的出身里爵、道德才能难以稽考，因而在陈群建议下，于各州郡设大小中正，分别以本地人在中央任官员者充任，负责察访、品评本州郡的士人。加以评定，写出简短的评语，称品和状，品乃是等第，依据士人家世高低，定为上上、上中、上下、中上、中中、中下、下上、下中、下下九个品级；状就是关于士人德行、才能的评语。品和状写好以后，由小中正、大中正、司徒逐级上报吏部尚书，作为政府选官的依据。从而，以专职举士的中正官和吏部尚书负责的选官制度取代了原有的由各级地方行政长官荐举官吏的制度。选拔标准除沿袭东汉察举所要求的经学、德行、乡间清议外，又增加了家世和才实等内容，显得更加完备，也多少改变了东汉末年名士操纵选举的局面。同时的东吴也实行了类似的制度，只是将中正官称作公平，主持这一事务。

随着司马氏集团取代曹魏政权，九品中正制在世家大族势力的影响下开始蜕变。这是由于司马氏本身就出身于河内门阀世家，为了更多地依赖世家大族，中正官位的权柄被逐渐转移到这些人手中，如洛阳大族傅畅就历代职掌这一大权，而通过这条途径入任的官吏，都因出身的贵贱、品第的高低而世代承袭，

这种只重门第、不重人才的做法，使得状成了可有可无的东西，最后形成了"上品无寒门，下品无势族"的局面，入仕的要津几乎被势官子弟所垄断。九品中正制完全成了门阀士族的政治工具。这种封闭性、垄断性、凝固性的选举制度，确保了门阀专政及其特权世袭制度的沿袭。在这样的情况下，士庶分隔越来越严重。为了稳固高贵门第的地位，士族大修族谱，甚至禁止与庶族通婚。九品中正制作为选官制度的初衷和职能至此已完全丧失，东晋末叶以后，它已成了虽有若无的东西，在实施370年后，到隋统一中国而被彻底废除。

九品中正制在它实施过程中，曾有一定的积极意义，但在那特定的时代和历史条件下，弊端甚多，教训更大。尤其是对教育的消极影响是无法估量的。

楷书大家钟繇卒

魏太和四年（230）四月，魏太傅钟繇病卒，他是中国书法史第一位楷书大家，对中国书法艺术有划时代的贡献。繇字元常，颍川长社（今河南长葛东）人，世为儒学大族。（东）汉末学孝廉，任黄门侍郎。历事曹氏三祖，均受信重，为魏国元老。累官至太傅，人称钟太傅。繇工书，先后师法曹喜、邕、刘德升诸名家，博取众长，兼善各体，楷、隶、行书皆精。他首创前所未有的楷法，其黑书之间，多有异趣，结体繁茂，浑然天成，后世誉为秦汉之间，一人而已。从而形成书法史上由隶入楷的重大变局，无论对于书法艺术的发展，还是对于汉字的定型，都有划时代的贡献。繇与晋王羲之合称钟王，而王羲之的行、楷均深受钟繇的影响。繇真迹不传，宋以后法帖中所刻均系后人临摹。

英雄辈出的时代

钟繇书迹

川南僰人悬棺

悬棺葬，是一种将死者的棺木放置在悬崖绝壁之上的古代墓葬形式。悬棺或利用岩壁间的裂隙之处架设棺木，或利用岩壁上凿孔楔入木桩，以支托棺木，或利用天然岩穴及人工凿穴盛放棺木。棺木大多为独木凿成，一般为

四川珙县悬棺内出土的衣物，由此可以了解当时当地人的衣着特点。

四川珙县悬崖峭壁上的悬棺近景

四川珙县悬崖峭壁上的悬棺

英雄辈出的时代

四川珙县悬崖峭壁上的悬棺

长方形，也有少数用船棺作为葬具的。葬式有的是一次葬，有的是二次葬，就是等死者尸体腐朽之后将骨殖收入棺内，再放置到悬崖上。

悬棺葬在中国、印度支那半岛、印度尼西亚、菲律宾等地均有发现。在中国，主要分布在广东、广西、福建、浙江、江西、湖北、湖南、四川、云南、贵州、台湾等省区。关于各地发现的悬棺葬的族属，至今尚无定论。据分析，福建、浙江、江西东部的悬棺葬，可能和古代闽越、山越等民族有关；两广的悬棺葬，可能与古代瓯越、骆越等民族有关；湘西的悬棺葬，可能和中古

的骧、夷、獠人有关；川南、滇东北以至贵州的悬棺葬，可能与西南少数民族僰人及中古的獠人及后世的仡佬、都掌蛮等民族有关。

采用悬棺葬这种葬式的意义，以及当时人们是用何种方式把棺木架置于现今看来无法攀缘的绝壁上的，至今仍是未解之谜。

《广雅》补充《尔雅》

三国魏明帝太和年间（227 ~ 237），清河人（一说河间人）张揖（字稚让）担任博士。张揖著有《埤仓》、《古今字诂》和《广雅》等语言文字方面的著作，但只有《广雅》一书流传下来。

张揖在《上广雅表》中明确表明了自己的著述目的。他认为《尔雅》一书所搜集的训释材料还很不完备，而他的《广雅》则博采群书中《尔雅》所不录的八方殊语、庶物异名，详细加以辑录核实，以补《尔雅》遗缺。隋代为避炀帝杨广名讳，《广雅》曾一度改称《博雅》，也取"增广《尔雅》"的意思。

《广雅》袭用《尔雅》的体例，编目按义类，从解说一般词语的《释诂》、《释言》、《释训》，到解释百种名词的《释亲》、《释宫》、《释器》等共19篇。在训释方式上也主要采用将群书中同义词以类归并，然后用一个通用词加以解释的方法。它搜集广泛，将汉代以前经传的训诂，《楚辞》、《汉赋》以及《方言》、《说文解字》等书的训释都囊括其中，增补了许多《尔雅》所未收的故训和后来新出的训释材料，后全书共收词条2345个，比《尔雅》多出250多个，在具体的类聚同训中，所举词也比《尔雅》丰富得多，为研究汉魏以前的词汇和训诂提供了丰富的材料，也为保存和鉴别古籍提供了依据。而且由于所增补的词又多是《尔雅》之后汉魏时代新出的，所以能比较客观地反映汉魏时代的词汇发展状况，并为解读汉魏时代的文献提供了指南。

曹氏父子文学成就焕然

文学史上有"三曹"之称的曹氏父子——曹操、曹丕、曹植，为文人诗歌的第一个繁荣时期即建安诗歌的产生、发展作出了极大贡献，取得了很高的文学成就。

东汉建安（196～220）年间至曹魏黄初、太和年间（220～233）产生的诗歌被称为建安诗歌。代表人物除曹氏父子之外，还有"建安七子"。建安诗人大都经历了汉末的离乱，所作诗歌多是缘事而发，悲壮慷慨，时代特征鲜明。建安文学在悲壮慷慨的基调中，感伤离乱、悲悯人民和慨叹人生，联系着及时建功立业的政治豪情，从而显得"志深笔长"、"梗概多气"，是沉着品格的典型代表。这一鲜明的风格使得它被后世称为"建安风骨"或"汉魏风骨"，在中国文学史上产生了深远影响。沉着品格是精神低沉的品格，但也是更加现实、具体的品格。文明的精神已经失去追求未知、无穷和奇谲意境的能力，而更多地与对世界的悲叹联系起来。曹氏父子和受他们影响的魏人是这一品格的正面代表。曹氏父子与汉乐府、东汉文人诗在形式、内容甚至格调上都有明显联系，但与古诗的蕴藉相比，他们更悲痛，调子更低，并且，对现实生活依附得也更深。

三曹的风格并不完全一样，曹操有其政治家的气势，曹植在政治上的失意使他把注意力转向神话和其他境界。但与古诗十九首和唐代诗歌相比，他们沉

宋摹本东晋顾恺之《洛神赋图卷》（局部）

宋摹本东晋顾恺之《洛神赋图卷》（局部）。画中曹植的形象具有贵族诗人风度，同时也表现了惆怅思恋的精神状态。画的设色艳丽明快，富于诗意的美。

宋摹本东晋顾恺之《洛神赋图卷》（局部）。此卷以三国时代曹植的名篇《洛神赋》为题材，用生动的形象完整地表现了赋的内容，体现了这一时期文艺理论中重视感情生活的要求。作者逐节描绘《洛神赋》的内容，开始是曹植带着随从到了洛水之滨凝神怅望，仿佛看到了洛神（亦即甄氏）仙裳飘举，凌波而来。其后是他们互赠礼物，洛神和她的同伴们在空中或水上自在地游玩。这时风神使风停止，河神命波浪平静，水神在击鼓，创世神女娲也在唱歌，曹植和洛神乘着驾六龙的"云车"出游，一叙衷曲。最后曹植在渡洛水的舟中思慕不已，离岸乘车远去时还回头怅望，无限依恋。

着品格不容置疑，是中国文学史独此一家的品格。

曹氏父子在文学上的成就，具体来说各有特色。曹操的文学成就主要是诗歌方面的；曹丕则以诗歌和文学批评为最；曹植是建安文学集大成者，在诗歌艺术上有很多创新发展。艺术风格上，曹操的诗歌朴实无华，而以气韵深沉、感情真挚见长，最典型的情调就是慷慨悲凉，在体裁上开创了以乐府写时事的传统；曹丕的诗歌笔致细腻，语言流畅，格调清新，有完整成熟的七言诗作品，他的《典论·论文》开综合评论作家作品之先河；曹植的诗、赋、散文在质量数量上都冠称当时，他的诗歌明朗和谐清新，尤其在五言诗上作出了较大贡献，他的诗不仅有"雅好慷慨"的一面，也有文采华丽的一面，"骨气奇高，词采华茂，情兼雅怨，体被文质"是对他的诗恰当的评价，而在诗歌史上，他被看作五言诗一代宗匠，钟嵘称赞说是"粲溢今古，卓尔不群"。

曹氏父子自身卓然的文学成就，以及他们对建安文学的巨大贡献，使"建安风骨"形成并被高扬。"建安风骨"成为后代诗歌复古、纠正颓靡文风的大旗，在文学史上有极为深广的意义。

刘劭代表才性学

东汉末年，因社会变乱，儒家独尊的地位受到冲击削弱，出现了儒、道、名、法竞起与合流的趋势。评论人物的标准随之发生了变化。东汉历来采取地方察举和朝廷征辟来选取官吏，很重视人物的品评鉴别，主要以德性论人。曹操选人则恃重才能，主张"唯才是举"，这种变化促使思想界由对具体人物的品评，

宋摹本东晋顾恺之《洛神赋图卷》（局部）。此卷主要人物在不同场景中反复出现而形象富于变化。作为人物背景的山石树木，同时起到了分隔并联系一长卷中不同段落的作用，保持了构图的完整。画中的洛神衣带飘逸，动态委婉从容，目光凝注，表现了关切、迟疑的神情。

进入对人才标准问题的讨论。于是在汉魏之际形成了一门讨论人物的标准和原则的学说，即才性之学。其代表人物有刘劭、钟会、傅嘏、王广、李丰等。据史书记载，关于才性学的著作有多种，现仅存刘劭的《人物志》。刘劭，字孔才，广平邯郸（今河北邯郸）人。约生于汉灵帝建宁（168～172）年间，卒于魏正始（240～249）年间。官至散骑常侍。正始中执经讲学，赐爵关内侯。

所谓"才"一般是指人的才能，"性"大体指决定人的才能的内在品质。刘劭的《人物志》大体上反映了汉魏之际学术思想的变迁，它讨论品评人物的标准与原则。刘劭十分重视人的才能。他根据才性高下，把人物分成五等，即圣人、德行、偏材、依似、间杂。又把人物分为十二流品（类型），并提出人的才能出于性情的观点。他认为：品评人物不仅要观其外貌，更应认识其内在精神；人禀气而生，才性各异，应根据其才性有不同的任用；考察人物不应只看他的主张，而应看他的行为，名实必须相符；人们的言谈虽是考察人物的一个重要方面，但言谈有"理胜"与"辞胜"之别，须看其言谈是否与义理相合。认为"圣人"是儒家的最高人格。

《人物志》接触到两个重要问题：一是才性问题，即识别人物的原则和标准；二是"有名"与"无名"问题，开以老庄思想解释儒家"圣人观"的先河。它是从汉代经学过渡到以王弼、何晏为代表的玄学思潮的重要环节。刘劭认为"圣人"以中庸为其德，说："夫中庸之德，其质无名，咸而不碱，淡而不醇，质而不缦，文而不缋，能威能怀，能辩能讷，变化无方，以达方节。"刘劭用道家的"无名"解释儒家的"中庸"，表现出儒、道合流的倾向。

建安七子主导文坛发展

建安年间（196～220），在曹操统治集团里，聚集了七位有杰出才华的文学家，他们是孔融、陈琳、王粲、徐干、阮瑀、应玚、刘桢，史称建安七子，他们与三曹一起，创造了中国文学史上一个辉煌的时代，其独具特色的文学风格——"建安风骨"从此主导了文坛，成了后世文学所推崇和效法的仪范。

孔融（153～208），字文举，少年颖慧，汉末屡被征辟，归曹操后，曾作少府，因不满曹操的雄诈，多所乖忤，被免官，后又拜太中大夫，退居闲职，好士待客，座上客满，奖掖推荐，声望很高，为曹操所忌，构罪被杀。

陈琳（？～217），字孔璋，广陵射阳（今江苏淮安县东南）人，是七子中年纪最长者，汉末曾任大将军何进主簿。曾避冀州，为袁绍幕僚，袁军典章文籍，军中文书，大多出于其手，《为袁绍檄豫州文》最为著名，文中历数曹操罪状，极富煽动性，官渡之战后，被曹操俘获，曹操深爱其才，没有追究他，任命他为司空军师祭酒。后又升任丞相门下督，建安二十二年（217）与刘桢、应玚、徐干同时染疫疾而死。

王粲（177～217），字仲宣，山阳高平（今山东省全乡县）人，少有才名，汉末任黄门侍郎，在荆州16年，不被刘表重用，后任曹操军师祭酒。

徐干（170～217），字伟长。阮瑀（？～212），字元瑜。应玚，字德琏。

刘桢，字公干。以上七人的生活经历大致相同，前期历经了汉末的社会大动乱，虽然地位和家庭背景各不相同，但无一能逃脱在战火中颠沛困顿的命运，后期依附于曹操，孔融、王粲担任过高级官职，其余也都是曹氏父子的近臣。

由于他们大致相同的生活经历，因而在文学创作上也表现出大致相同的内容和风格。他们前期的作品多反映社会动乱的现实社会生活，抒发其忧国忧民的情怀，如王粲的《七哀诗》、《登楼赋》，陈琳《饮马长城窟行》、阮瑀《驾出北郭门行》，刘桢《赠从弟》等，都具有现实意义和一定的思想深度，但情调不免低沉和感伤。后期创作受到曹操创作风格的影响，在内容上大多反映他们对曹氏政权的拥护和自己建功立业的抱负，以游宴、赠答为主，虽不免以清客陪臣的口吻为曹氏父子歌功颂德，显露出庸俗的态度，但总体风格却是积极、健康的。

七子的文学创作虽因个性差异而各自有独特的风貌，但具有一些共同的特点，这构成了建安文学的时代风貌。刘勰《文心雕龙》归纳这一风格产生的原因时说，这种慷慨激昂的文学作品是由于社会积久的离乱、风俗的颓衰而造成的，在这种情形下，文学作品思想才有深度，而且含蓄隽永，有慷慨之气。这一论点是十分精辟的。这种既有思想深度，又含蓄蕴藉，富有慷慨悲壮之气的文学风格被尊为建安风骨和建安风力，这是建安七子和曹氏父子对中国文学史的突出贡献，这种风格被表现在诗歌、辞赋、散文及其他文学创作活动之中，主导了建安时期的文坛。后世文学革新运动，也多以建安风骨相号召，陈子昂就是以此为旗号，从而形成一股洪流，将唐代诗歌创作推向顶峰的。

曹植作《赠白马王彪》《洛神赋》

曹植（192～232），字子建，曹丕之弟，是建安文坛上最有成就的作家，《诗品》称其为"建安之杰"。他的诗歌创作在数量和质量上都超过了同时代的文人，堪称当时之冠。

曹植的一生以曹丕登基分为得意与失意两个时期。他早年深得曹操宠爱，在相对安定的环境中过着贵公子的生活，后来在与曹丕争太子位中失势，倍

宋摹本东晋顾恺之《洛神赋图卷》（局部）。长 572 厘米，高 27 厘米。取材于魏曹植《洛神赋》，运用横卷构图形式把诗赋的情节——展现出来，突出人物关系和情思，成功地表达了诗赋中所描绘的梦幻中如丝如缕的柔情。

受压抑。其诗歌创作亦相应分为前后期，具有不同的内容特色。前期诗作以《白马篇》、《名都篇》为代表，抒发建功立业的雄心壮志，雄健刚劲，意气风发。《白马篇》中描写了一位武艺高强、有捐躯报国之志的"幽并游侠儿"形象；《名都篇》写京洛少年的"游骋之乐"。两首诗实际上都是作者早年生活的自我写照。特别是《白马篇》，寄托了作者建功疆场，名垂青史的少年壮志。曹植后期诗歌则主要抒发他壮志难酬的愤激不平之情，代表作有《赠白马王彪》、《吁嗟篇》、《野田黄雀行》等。其中《赠白马王彪》是一篇力作，因感慨曹丕对手足的迫害，愤而成篇。诗中表现了丰富而复杂的感情，充满悲郁深沉的忧生之叹。"鸱枭鸣衡轭，豺狼当路衢，苍蝇间白黑，谗巧令亲疏"，引类比喻揭示了诗人所处的险恶的政治环境；"奈何念同生，一往形不归。孤魂翔故域，灵柩寄京师"则表现了对兄弟的深沉悼念。这首诗在抒发个人感情的同时，深刻地暴露了统治阶级内部萁豆相煎的残酷。曹植的散文和辞赋也不乏佳作，如《与杨德祖书》、《洛神赋》等。在艺术表现上，曹植是建安诗坛上成就最高的。他工于起调，善用比喻，常有警句，"如高树多悲风，海水扬其波"，"惊风飘白日，艺景驰西流"。此外，他注重炼字、对偶与和声，其诗既富激情，又有文柔，《诗品》以"骨气奇高，词采华茂"来形容他诗歌的艺术风格。

三国

231 ～ 240A.D.

231A.D. 魏太和五年 汉建兴九年 吴黄龙三年

汉诸葛亮出祁山攻魏，以木牛运粮；魏遣司马懿拒战，数败，丧甲首数千。六月，诸葛亮粮尽退兵。

232A.D. 魏太和六年 汉建兴十年 吴嘉禾元年

张揖作《广雅》。诗人曹植去世。

233A.D. 魏太和七年 青龙元年汉建兴十一年 吴嘉禾二年

吴遣使将兵万人册公孙渊为燕王，加九锡。十二月，公孙渊杀吴使，函首献于魏，吴使者从吏秦旦等辗转逃至高句丽，高句丽王位宫遣送还吴，并称臣奉献。

234A.D. 魏青龙二年 汉建兴十二年 吴嘉禾三年

汉诸葛亮至郿，军于滑水南五丈原，魏遣司马懿拒之。吴大发兵三道攻魏，魏明帝亲御之，吴师退，八月，诸葛亮卒，汉兵退。

235A.D. 魏青龙三年 汉建兴十三年 吴嘉禾四年

四月，汉以蒋琬为大将军录尚书事。魏机械制造家马钧作司南车（即指南车）和水转百戏。又制翻车（即龙骨水车），并改进当时的丝织绫机。

237A.D. 魏青龙五年 景初元年 汉建兴十五年 吴嘉禾六年

七月，吴侵魏江夏。魏遣幽州刺史毋丘俭率兵，并联合乌桓、鲜卑，屯辽东南界，征公孙渊入朝。魏数年来大兴土木，是岁又徙长安钟镰等于洛阳，大发铜铸铜人二，号曰翁仲。

魏诏改元景初。颁行由杨伟所修《景初历》。后改称为《秦始历》与《永初历》，沿用至南朝宋元嘉二十八年（451）。提出了推算日食食分和亏起方位的方法。

238A.D. 魏景初二年 汉延熙元年 吴嘉禾七年赤乌元年

正月，魏遣司马懿攻公孙渊。公孙渊败死，辽东、带方、乐浪、玄菟四郡并入魏。

239A.D. 魏景初三年 汉延熙二年 吴赤乌二年

正月，魏明帝死，皇太子芳嗣位，曹爽、司马懿辅政。吴国首建城隍。

魏平辽东

辽东（今辽宁辽阳），自汉献帝以来一直为公孙氏所占据。汉献帝初平元年（190），公孙度首次在辽东自封官爵，由此世袭相承。公孙度死后，其子公孙康、公孙恭相继嗣位。魏太和二年（228），公孙康的儿子公孙渊

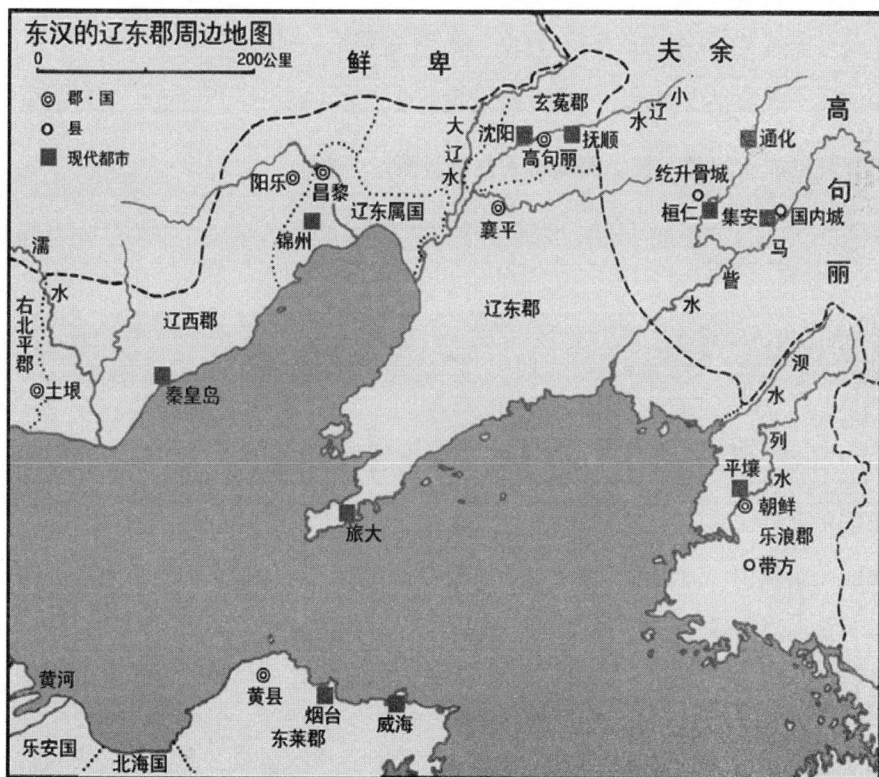

东汉的辽东郡周边地图

杀掉叔父公孙恭，自称太守。曹操在世时曾于建安十二年（207）征辽，当时的辽东太守公孙康杀掉前来投奔的袁绍之子袁尚，将其首级献给曹操以示归顺，北方于是安定下来。公孙渊嗣位后，魏明帝曹睿授封他为辽东太守。但公孙渊却私下与吴通好。

魏景初元年（237）七月，魏明帝派荆州刺史毌丘俭屯军辽东南界，诏公孙渊入朝，渊发兵拒征。当时正值连日大雨，辽水上涨，毌丘俭无法出兵，只好退还。公孙渊便自称燕王，改元置官。景初二年（238）三月，魏明帝诏太尉司马懿领兵4万，第三次征伐公孙渊。六月兵至辽东，围攻公孙渊的都城襄平（今辽宁辽阳）。一个多月后，城中粮尽，守城将士或死或降，独公孙渊与其子公孙修率数百骑突围向东南逃走。魏军追至梁水（今太子河）杀公孙渊父子。辽东由此平定，辽东、带方（今朝鲜黄海南道、黄海北道一带）、乐浪（今朝鲜平安南道、平安北道及黄海北道各一部分）、玄菟（今辽宁东部至朝鲜成镜北道一带）四郡纳入曹魏版图。

虞翻治《易》

虞翻（164～233），字仲翔，会稽余姚（今属浙江）人。最初在太守王朗手下担任功曹，后来跟随孙策，任富春（今浙江富阳）长。孙权继位后，他先为骑都尉，因数次犯颜直谏，加之他的性格不合流俗，因而多次遭人诽谤，后被贬谪到丹阳泾县（今安徽泾县）。被吕蒙请出后，又多次触怒孙权，最终被流放交州，并死在这里。

虞翻是三国时期的著名学者，家里传有西汉今文孟喜《易》学，为当时

治《易》的名家，宣称"经之大者，莫过于《易》"，批评东汉郑玄所注五经明显违背原义的有 160 多处。虞翻不信神仙，且懂医术。他治《易》时，善于将八卦与天干、五行、方位相配合，以推论象数，占卜吉凶。他撰写的《易注》流传至今，是今人治《易》的重要历史资料。

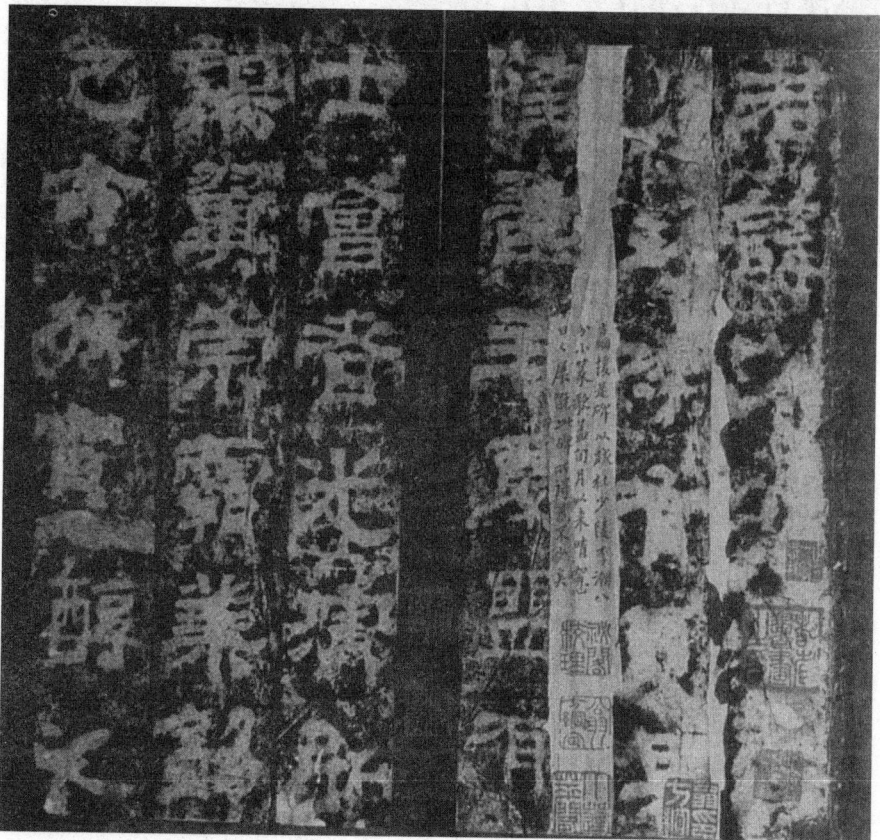

魏青龙三年（235）范式碑。《范式碑》为三国时著名碑刻。书法遒劲浑厚，撇笔丰肥圆钝，捺笔短重粗壮，较汉隶有所变化，为许多书法家激赏。

诸葛亮总结其军事思想

　　三国时著名的军事家诸葛亮，为蜀汉的建立及与曹魏、孙吴三分天下立下了汗马功劳。他一生征战南北，以善于用兵名闻天下。他撰有《兵法》五卷，总结其军事思想，可惜今天这些著作已遗佚。现存两部题名为诸葛亮撰的兵书《将苑》和《便宜十六策》，在论将、治军，用兵方面都有独到之处，在一定程度上反映了诸葛亮的军事思想，至今仍有很好的借鉴作用。

　　诸葛亮在《将苑》一书中主要论述对将帅的要求和将帅的作用。他指出，将帅必须始终掌握好兵权，指挥军队才能得心应手，否则就会像鱼儿离开了江湖，无所作为。因此，他主张慎重用将，选派将领时应该依据各人能力大小加以应用，不能不加区别胡乱遣将。在《将苑·将才》中，他列举了九种类型的将才，即仁将、义将、礼将、智将、信将、步将、骑将、猛将、大将。这九种将各有特点，要根据个性特征加以任用，以最大限度发挥各自的聪明才智。

　　诸葛亮还十分重视将帅的品德修养和能力养成，认为一个合格的将帅应该"贫贱不能移，富贵不能淫，威武不能屈"；善于用兵，把握敌我形势，运筹帷幄；还应刚柔相济，即具备"将志""将善""将刚"三个条件。另外，对将帅的模范作用，诸葛亮也极重视，他告诫将帅要以身作则，切忌贪得无厌、妒贤嫉能、犹豫不决等八种弊病和骄吝习气，避免谋不能料是非、政不能正刑法等八种不良

成都武侯祠

古隆中。诸葛亮在此向刘备提出统一全国的谋略，即著名的《隆中对》

英雄辈出的时代

三国铜弩机。相传诸葛亮曾加以改进。

现象，努力做一个善将，而不要成为庸将。

诸葛亮在历史上以善于治军而闻名。在《便宜十六策·治军第九》中，他将治军同国家安危联系起来，充分表现了他对治军的重视。他认为治军要重训练，以"教令为先"。训练包括军事技能和思想教育两方面，通过对士兵目、耳、心、手、足五个方面的专门学习（即《便宜十六策》中所说的"五法"），让他们掌握作战的基本知识和本领，使他们在军事技能和思想上得到基本训练，建立一支训练有素的队伍。为了达到这一目标，诸葛亮不仅在理论上，也在实践中强调以法治军，严明赏罚，从严治军，"赏赐不避怨仇，诛罚不避亲戚"，为后世树立了从严治军的榜样。

有了良好的将才和训练有素的军队，诸葛亮也注重谨慎用兵。他在《便宜十六策》中论述了用兵的一般原则，说"用兵之道，先定其谋"，主张在用兵之前做好谋划，并严守机密，知己知彼，有备而战，严格选将用兵。在实战中要求速战速决，进攻要快；在具体的作战方法上，诸葛亮在《将苑·战道》中，针对不同地形提出五种作战方法，此外，他还非常注意对作战对象的研究，提供不同的作战对象应有不同的应付方法和作战方式。这种研究战争的方法颇为可取。

诸葛亮在选将、治军、用兵等方面的军事经验，至今仍值得借鉴。《将苑》和《便宜十六策》所反映的诸葛亮军事思想，代表了三国时期军事思想的发展水平，在继承前人思想的同时有不少发展和创新，是中国古代军事思想宝库中不可缺少的组成部分。

诸葛亮死于五丈原

蜀建兴十二年（234）八月，政治家、军事家、蜀丞相诸葛亮因积劳成疾病逝于五丈原（今陕西眉县西南）第五次北伐的军中，终年54岁。

诸葛亮，字孔明，琅邪阳都（今山东沂水南）人。东汉末年，隐居邓县隆中（今湖北襄阳西），留心世事，以才学被称为"卧龙"。建安十二年（207），刘备三顾茅庐，请他出山。他向刘备提出占领荆、益二州，联吴抗曹，统一全国的战略，即著名的《隆中对》，随即成为刘备的谋主。以后诸葛亮劝刘备联合孙权，共破曹操于赤壁，进而占领荆、益，形成与吴、魏鼎足而三的局面。刘备称帝后，委任诸葛亮为丞相。不久，刘备病死，后主刘禅即位，封诸葛亮为武乡侯，兼任益州牧。诸葛亮受遗诏辅佐刘禅，事无巨细，都必躬亲。当政期间，他首先安定内部，经营益州，然后平定南中，安抚夷越，进而挥师北伐，进击中原。为蜀汉政权，他忠心耿耿，竭尽全力，真正实现了他提出的"鞠躬尽瘁，死而后已"的誓言。诸葛亮励精图治，任人唯贤，吏治严明，赏罚必信，又长于巧思，曾制连弩、木牛流马；并推演兵法，作八阵图。他还善用攻心战术，如对孟获七擒七纵，使他归顺蜀国，就是著名的范例。他具有远大的战略目光，一直坚持联吴抗曹的正确方针。诸葛亮在文学方面也有所建树。他的散文文笔清新率直，文章质朴无华，感情真挚，《出师表》是他的代表作。另有乐府诗《梁甫吟》也比较著名。

诸葛亮像。中国人崇尚的不是希腊神话里阿瑞斯那样的冲锋陷阵的勇士，而是诸葛亮这样的羽扇纶巾、运筹帷幄的儒帅。

诸葛亮死后，按其遗命葬于汉中定军山（今陕西勉县南），被追封为忠武侯。汉景耀六年（263），蜀后主又下诏为诸葛亮立庙于沔阳（今陕西勉县东）。

正始名士流行服石

从东汉末开始到隋唐，中国没有出现过真正的安定发展的局面。汉末外戚、宦官、名士的斗争，下层人民和地方豪强的兴起使中国成为杀戮之地，到隋初，人口不及东汉的 10%。三国的动荡刚被西晋结束，又来了八王之乱，司马氏的统治是一种利益性的、破坏性的统治，他们的主要手段是杀夺与滥赏。五胡十六国南北朝，中外各处势力把中原作为肥肉来争夺。

从春秋战国到秦汉时期建立起来的完美的社会一下子土崩瓦解，崇高的文明准则荡然无存。正始名士正是处于这样一种文明异化出现时期，精神的苦闷使他们最早感觉到文明异化所带来的末世感。于是，药和酒，成为他们暂时麻醉自己，减轻心头郁积和痛苦的手段和避免政治迫害与猜忌的护身符。

带头服药的是正始名士（正始，魏明帝年号，公元 240～249），其中又以何晏为首。王弼、夏侯玄也热衷于此道。从何晏"常畏大网罗，忧祸一旦并"的诗句中可以体会当时名士们服药的心态。他们服的药统称为寒食散，大多以矿石为基本成分，其中有一种以石钟乳、石硫黄、白石英、紫石英、赤石脂五种无机物组成，名为五石散，服用者最多，是寒食散的代表。寒食散含有毒素，没有任何滋补作用。服药后，身体忽冷忽热；药性发作时，周身上下，痛苦难言，精神进入一种莫名的恍惚状态中，心境也就因此进入糊

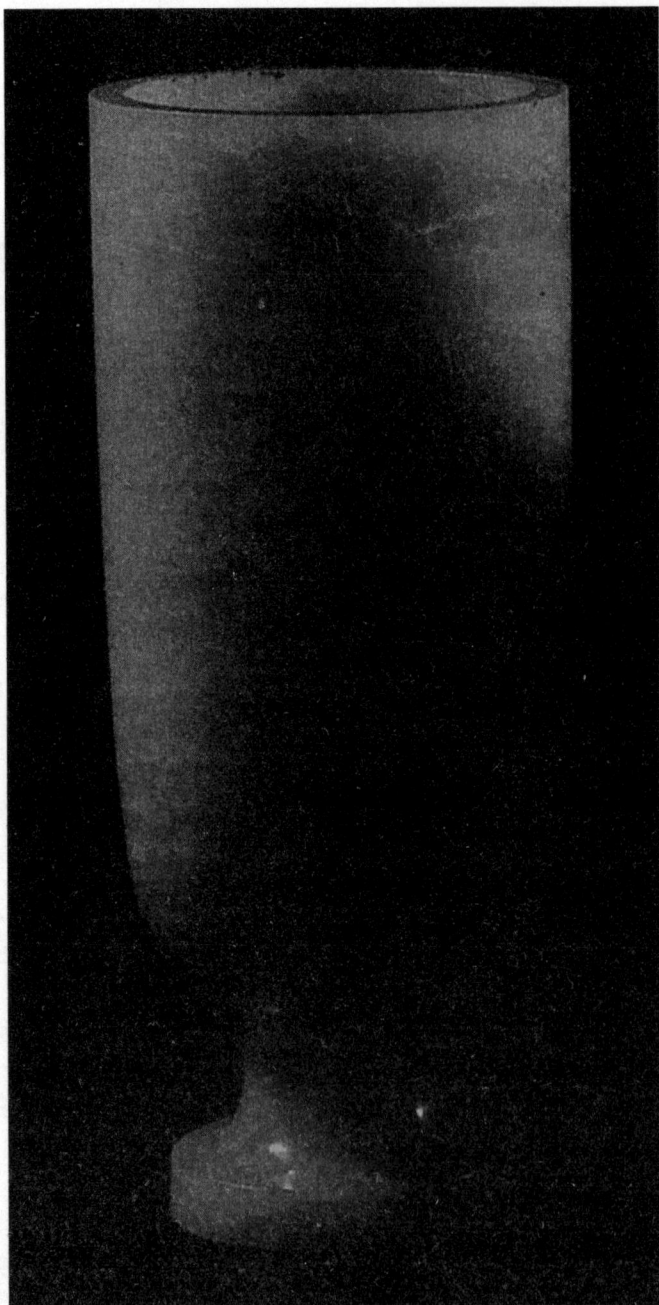

魏玉杯

里糊涂的状况，暂时超脱了尘世纷繁复杂的争斗。在这服药的幌子下，即便偶尔口出狂言，也不致于引起太大的麻烦。

正始名士开了服石之先河，许多人纷纷仿效，到东晋南北朝时，因政治危机仍未解除，服石也就演化为士大夫中的一种风气。他们藉着挥发药毒，散热驱寒的需要，放浪形骸地做出种种荒诞无稽的举动来。即使有些人服不起五石散，也可以假装药力发作而作出暴燥或痴呆的神态，甚至睡倒街头，以迷惑世人，避免卷入政治漩涡。因寒食散的毒性大，服药之风损毁了大批人的健康，有的甚至因中毒过度而毙命。于是，更多的名士选择了对人体危害程度小一些的酒，借酒消愁，排除烦闷，酒醉后则装疯卖傻，让统治者无法从其言语中找纰漏，罗积罪名，暂时躲过一些政治陷害。服石和饮酒，是不可能彻底免灾的，欲加之罪，何患无辞呢。所以，何晏、夏侯玄、嵇康等人最终还是被司马氏罗织罪名杀害了。

谈玄、服石、酗酒以及由此而引发的种种荒诞举动只是魏晋名士精神面貌的一个侧面，这是他们全身的法宝，他们借这个假象掩盖自己善于思索、敢于批判的气质和富于理想、憧憬未来的精神。他们因和腐朽的统治集团格格不入而不参与政治；害怕交友不慎而身陷罗网，担心言谈、诗文中被人查出纰漏……所以，他们只好尚玄言，在言谈中讲究哲理，择友重视情操，作文注意文采，写诗崇尚意境，书法追求神韵，寄精神于山水之间，化抱负于文章、学问之中，向往宁静、安乐、和平的桃源式生活，开启了中国文学史中第一个文学自觉的时代。哲学在这一阶段也有可喜的发展，并在许多认识领域中提出崭新的见解。从而，在魏建安正始及其稍后的时代，产生了一大批出色的哲学家、文学家、艺术家和科学家，为后人留下了一大批传世之作和艺术精品。

另外，由于服石的需要，魏晋时期的炼丹风气浓厚，由正始名士何晏倡导的服石之风不仅遍及整个士族阶层，更为其时的神仙道教所推崇，他们想

通过服食"仙丹"达到假外物以自固的目的。炼丹术因此大盛。恩格斯曾把炼丹术作为近代实验化学的先驱，而它和正始名士服石之风是相关联的。

吴人台湾

吴黄龙二年(230)二月，吴国派将军卫温、诸葛直带领甲士万人，航海前往夷洲、亶洲，企图俘获当地民众以增加吴国兵力。夷洲，即今台湾，汉代时就和会稽郡人有来往，三国时经常有夷洲人到会稽出售她们织的布。会稽东部也时有人因海行遇风漂流到夷洲。当时吴国军队出发后，在海上航行了近一年，士卒病死大半，才到达夷洲，而亶州所在极远，吴军不可能到达，卫温、诸葛直只好俘掠夷洲数千民户返航。吴黄龙三年（231）二月，舰队回到吴国，卫温、诸葛直二将均以违

吴越窑三足洗

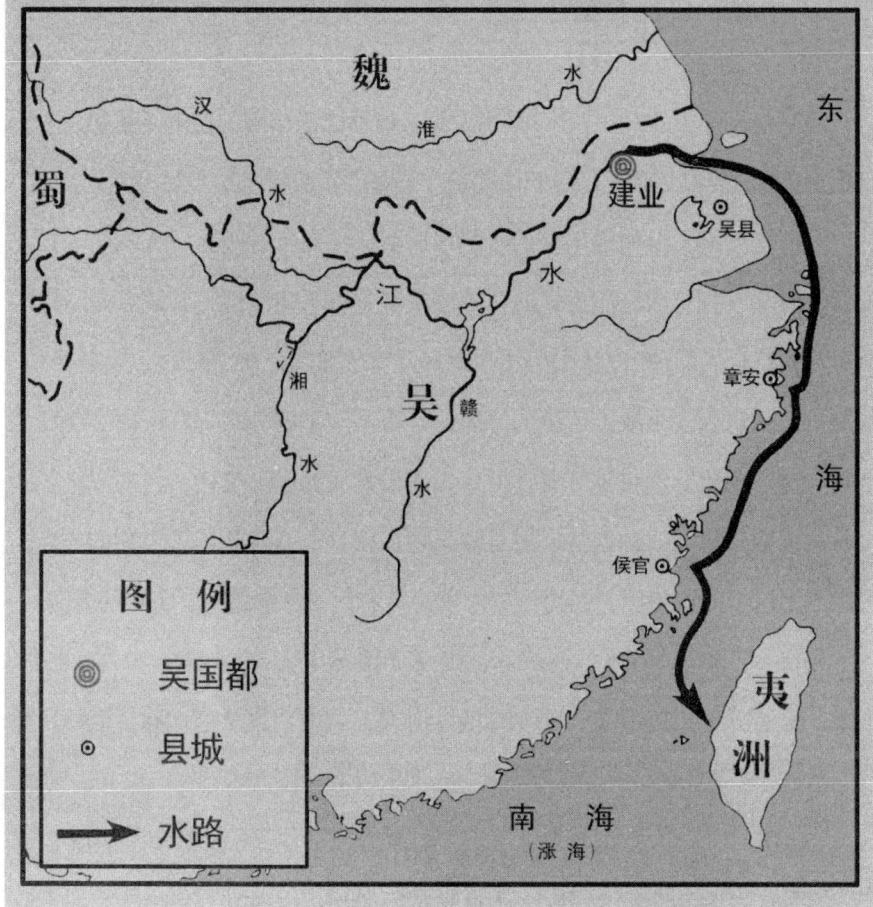

吴 通 夷 洲 图

图 例

◎ 吴国都

⊙ 县城

→ 水路

魏

蜀

汉

淮

水

江

湘

水

吴

赣

水

水

建业

吴县

东

海

章安

侯官

夷
洲

南 海
(涨海)

诏无功被孙权处死。卫温等航抵夷洲，是大陆同夷洲有明确记载的第一次大规模接触，此后交往就更加密切了。

魏使用《景初历》

魏景初元年（237）三月，采用太史、尚书郎杨伟所创造的《景初历》，以代替黄初元年（220）太史令高堂隆、太史丞韩翊所订的《黄初历》。

在历法方面，汉初沿用秦的《颛顼历》，汉武帝时改行《太初历》，东汉章帝时又改行《四分历》。后两种历法都是以平朔注历，其缺点是所定的朔望不很符合实际，难以依据历法知道日月食的准确日期。东汉末造《乾象历》的刘洪，认识到这个缺点产生的原因，是由于不了解月亮每日运动的速度并不均匀这一现象。他在推算日食时，为适应月亮的运动规律，便采取把某些月份的天数加以增减的办法，使日食出现在朔日，这就开创了定朔的先声。但他没用这个方法制历，而杨伟造《景初历》，就有意采用了定朔的方法。

杨伟，字世英，冯翊（今陕西大荔）人。魏青龙（233～237）中为尚书郎、太史。正始五年（244）曾为曹爽参军。他是三国时天文学家，除了运用定朔法制历外，他还发现交食之起不一定在交点，凡在食限之内均可以发生。据此，他发明了推算日月食食分和初亏方位角的方法，并应用到《景初历》中去，这在当时是最为先进的。《景初历》朔策取 2953060 日，比刘洪的《乾象历》精密，但为了符合 19 年 7 闰，岁数实际上又取 3605469 日，则比《乾象历》差距更大。

魏使用景初历后，一直沿用到晋、宋两朝，才被《元嘉历》所代替。但杨伟在制历中的一些创新却一直影响到后世的历法。

西蜀漆器独秀

东汉末期以后，西蜀的官营漆工制造业逐步衰落，但漆器工艺本身仍积极地向前发展，到了三国时期，西蜀漆工艺在技法和器物品种上都比前代有所进步，是我国漆工艺发展史上的一个承上启下的重要环节。

在当时，漆工艺品在日常生活领域中占很大比重，各种案、盘、楬、盒，各种壶、樽、杯、奁，乃至匕、勺、几、尺，都有制作精细的漆器传代。

古代文献为我们保存了当时各种精致的漆器的名色，比如纯银参镂带漆画书案，是指镶有镂刻花纹的银饰件的漆案；又如黑漆韦枕，是指皮革胎的漆枕；油漆画严器，是指髹漆妆具，此外如纯银漆带镜，银镂漆匣，漆园油唾壶等等，无不使人想见当时日用漆器之精美考究。

这个时期的彩绘漆器大量发展，不仅在器物上绘有优美的装饰纹，如装饰在楬上的鸟兽鱼纹，装饰在匕上的凤纹等；在案、盘等描绘面积较大的器物上，还出现了绘制细腻流畅而画面完整的人物故事图，题材其为丰富。有显示贵族闲逸生活的贵族家居生活图、宫闱宴乐图；有表现历史故事的季札挂剑图盘、百里奚会故妻图盘、伯榆悲亲图盘、武帝相夫人图盘；还有那充满生活趣味，天真可喜的童子对棍图盘，画中小儿活泼无邪，神采流动，表现了浓郁的生活气息和高妙的写生手法。对棍圆盘的底足内有《蜀郡作牢》铭文，由于凭几是具有时代特征的器物，故可断定这批漆器是当时西蜀的制

西蜀犀皮鎏金铜扣皮胎漆耳杯

英雄辈出的时代

西蜀彩绘鸟兽鱼纹漆槅

品。由此我们得出的结论是，尽管到了东汉中斯以后西蜀的官营漆工制造业已经衰微，但这门工艺并未停滞，而且有了显著的发展。墓出土的漆器填补了漆器发展史上缺少三国实物的空白，同时也填补了缺少漆工艺发展中间环节的空白，其重要性自不待言。

西蜀漆器在制胎工艺上已和后代渐渐接近，其法是在胎上粘贴麻布，再上漆灰。当时人已认识到漆灰不厚则器物易坏，所以漆灰比之汉代更厚，在一把长 25 厘米、宽 2 厘米的尺上，竟上了近 1 毫米厚的漆灰。

西蜀漆器在髹饰工艺上也呈现新貌，开后世之先河。从这时开始，原本简陋的一色漆器才被首次带进精品的行列。在此之前从新石器时代直至汉代，一色漆器一直甚为粗简。由于多不用漆灰，所以漆器表面的木胎筋脉尽露，有碍美观；或虽上漆灰而打磨不精，器物也显不出光润质朴的效果。到了西蜀时期，人们开始重视一色漆器，对其表面处理也甚为讲究。从这里发展下去，一色漆器愈加精美，唐人的七弦琴多是不施纹饰的单色漆，至宋代，一色漆器发展到顶峰。

西蜀漆器的戗金技艺也比汉代有了很大进步，金线排布稠密，图案繁杂，金光灿烂，眩目欲迷，令人惊叹当时竟有如此高水准的戗金漆器。

也是从西蜀时期开始，才出现了一种崭新的漆工艺——犀皮漆器。它利用颜色和层次的变化，使漆面呈现出仿佛是行云流水的自然景色。这种工艺是对天然的一种人工再现，是一种新的审美观念的产物。

马钧作指南车

魏青龙三年（235）八月，马钧受魏明帝曹睿之诏制作指南车。他利用

魏指南车模型

西蜀彩绘宫闱宴乐图漆案

差动齿轮机械构造原理，在双轮单辕车上立一木人，车刚刚起动时，使木人手指南方，由于齿轮作用，不论车行的方向怎样改变，木人始终手指南方。

马钧，字德衡，扶风（今陕西兴平）人，是我国古代科技史上最负盛名的机械发明家之一。马钧年幼时家境贫寒，自己又有口吃的毛病，所以不善言谈却精于巧思，后来在魏国担任给事中的官职。

指南车作成后，他又奉诏改制木偶百戏。他用大木雕构为轮，放在平地上，下面通过流水驱动木轮旋转，上设女乐、杂技、百官行署等，木轮转动后，木偶便活动自如，按照设计表演出各种动作，时人称为"水转百戏"。

接着马钧又改进了织绫机。原来的织绫机为50综50蹑或60综60蹑，经他重新设计，把两种机械都改为12综12蹑，提高工效四五倍。

马钧还研制了用于农业灌溉的工具龙骨水车（翻车），轻便灵巧，儿童也能操作，可连续提水灌溉，功效较过去提高百倍。这种水车在我国沿用了1000多年，是水泵发明之前世界上最先进的提水机械。

此后马钧还改制了诸葛亮所造的连弩，使之增加五倍效力，又研制出转轮式连续抛石机，作为攻城器具。

马钧奇思绝世，被时人称为"天下之名巧"。他的一系列发明创造，为当时社会生产力的发展和技术进步作出了贡献。

皇象写《急就章》

皇象，字休明，广陵江都（今江苏省扬州市）人。三国时吴书法家，曾累官至侍中、青州刺史。是东汉章草专家杜度的弟子，擅长小篆、隶书，尤

英雄辈出的时代

皇象《急就章》拓片

精于章草，有一代绝手之称，被唐张怀瓘列为神品。南朝宋人羊欣在《采古来能书人名》中评价皇象的草书风格为"沉着痛快"。流传作品有《急就章》、《天发神谶碑》、《吴大帝碑》、《文武将队帖》等，其中《急就章》最负盛名。

《急就章》原名《急就篇》，本是中国古代儿童的启蒙读物，由西汉元帝时黄门令史游编撰。因首句是"急就奇觚与众异"，所以取此句前二字作为篇名。现在保存的《急就章》摹本中以藏于江西省松江县博物馆的"松江本"为最著名。此本据传是明代吉水（今属江西省）人杨政在正统四年（1439）根据宋人叶梦得颍昌本摹刻而成。此本章草和楷书各书一行，字形规范，笔力刚健，于流丽中见丰满，于变化中见统一，是公认的章草范本之一。此后，章草在中国书法史上的地位就更加突出了。

唯刀独尊

汉代军中大量装备的短柄武器，除了长剑之外，还有环柄刀。后来，环柄刀甚至取代了长剑的地位。到三国时期，短兵武器出现了手戟。而后手戟的使用日渐衰退，短兵武器形成唯刀独尊的局面。

刀可以近距离作战，又可以防身。魏陈王曹植《宝刀铭》曰："造兹宝刀，既砻既砺，匪以尚武，予身是卫，麟角匪独，鸾距匪蹶。"又魏王祭《刀铭》曰："……陆刳犀兕，水截鲸鲵，君子服之，式章威灵。"这说明当时人们对刀的作用已有较深的认识，除了攻敌和防身外，佩刀还可以增加"君子"的威武风度。

当时刀常与楯相配合使用，更能做到能攻能守，适合装备步兵。这样装

英雄辈出的时代

晋持刀武士俑

备的步兵可用来克制重甲骑兵。敦煌莫高窟第二八五窟的西魏壁画"得眼林"故事中，生动地再现了用刀楯装备的步兵同重甲骑兵战斗的情景。除了对付重甲骑兵，刀楯配合还可以制约弓箭长矛的攻击。

由于人们对刀楯作用的认识，以及对刀楯的普遍练习，刀楯使用技艺也达到较高的水平。据《抱朴子·自叙》记载，当时使用刀楯、单刀以及双戟，都有口诀要术，"以待取人，乃有秘法，其巧入神，若与此道与不晓者时，便可以全独胜，所向无前矣"。又如《梁书·王神念传》载：王神念"少善骑射，既老不衰。尝于高祖前手执二刀楯，左右交度，驰马往来，冠绝群伍"。又据《齐书》记载，有一个叫王宜兴的人，曾舞动刀楯，叫十多人向他洒水，身上也不曾沾水。可见当时刀楯训练防守之严密。

除刀楯配合的技艺外，单独用刀的技能也有相当的发展，主要有双刀配合和长刀的使用。《资治通鉴》一百一十三卷记载公元 404 年刘裕军与吴甫之大战江乘，刘裕手持长刀，大声呼叫着冲过去，敌众都无法抵挡。这说明长刀术已成为当时武术体系中重要内容之一。又《太平御览》三五四卷引用了《灵鬼志》有关双刀术的记载，说："有给使陈安，甚壮健，常乘一赤马，俊快非常，双持二刀，皆长七尺，驰马运刀，所向披靡。"这是我国使用双刀最早的记载之一。

此外，在民间还出现一种用刀表演的技术，称为"挑刀"，也就是一种既演练刀术动作，又杂以掷刀等技巧动作的娱乐表演形式。《资治通鉴》卷八十五有"挑刀走戟，其锋不可挡"的记载，文下胡三省注曰："挑刀，舞刀也，今乡落悍民，两手运双刀动作进退，为击刺之势，掷刀空中，高一二丈，以手接之。"又《洛阳伽蓝记》卷五记述北魏在禅虚寺前表演角抵戏，"虎贲张东渠，掷刀出楼一丈"。

反切发明

三国时代，玄学大师郑玄的弟子孙炎发明反切。《颜氏家训·音辞篇》说："孙叔炎创《尔雅音义》，是汉末人独知反语。"反切注音法的发明在我国音韵史

三国彩绘单子对棍图漆盘

上有着重要地位，它标志着汉语声韵结构的发现，也为韵书的产生奠定了基础。

　　反切，是中国传统的一种注音方法，它用两个汉字合起来注明另一个汉字的读音。例如"侯，户钩切"，就是用户钩两个字切拼出侯字的读音。其中"侯"叫被切字，"户"叫反切上字，"钩"叫反切下字。反切的基本原则就是上字的声母与被切字的声母相同，下字的韵母及声调与被切字的韵母及声调相同。简言之，就是反切上字只取其声，下字只取其韵和调。如上面所举的"侯，户钩切"，户（Hu）字的声母（H）与侯（Hou）字的声母相同，钩（gou）字的韵母（ou）和声调与侯字的韵母及声调相同（这两字的声调在古代时同是平声，后代才有阴、阳之分）。

　　反切在宋代以前，一般多叫做"反"，唐时又称为"翻"，到宋代，基本上都叫做切，后代合称为反切。中古时代的反切，要求上下字与被切字同是洪音或细音。

　　反切的运用意味着把一个汉字，也就是汉语的一个音节分成了声母和韵母（包括声调）两部分，这显然是以汉语音节内部声韵结构的发现为条件的。汉字属于表意文字，它的构字原则是据义构形，字形本身不能直接表现语音结构。因此中国古代的语言研究最先是意义和形体的研究，语音研究则起步较晚。直到东汉末年，语音方面还主要用譬况、读若、直音等方式注音。这说明注音方式在当时多数不是单纯注音，同时还有明假借的作用，而且直音注音法中被注字和注音用字都是代表一个完整的音节，这说明当时还不能分析汉语音节的内部结构。然而，汉语音节内部存在着声韵结构，这是汉语语音的固有特点，而这一特点的发现则是在佛教传入中国后，在梵文拼音原理的启发下完成的。由于当时学者对于梵文用一定量的字母相互拼合成字的拼音原理有了认识，因而对汉语的音节研究也指向了它的内部声韵结构，并据此创造了反切注音法。

三国红陶罐上的建筑形象

魏修芳林园

魏明帝曹睿晚年好治宫室，大兴土木，修建芳林园就是其中大型工程之一。

魏景初元年（237），明帝继营建洛阳宫、九龙殿后，又下令在芳林园西北起土山，名为景阳山。他还亲自掘土，并令百官公卿以下至太学生都来背土。土山堆成后，便在山上广种松、竹、杂木善草，并捕来山禽杂兽放养其中。这一规模巨大的土木工程，历时数年，每年役使民工不下四万余人，而且工程期限严急，明帝又常常亲自过问，主事者稍有差错，便被处死。继修芳林园后，明帝又命人迁铜盘、铸铜人、造龙凤，大费人力物力，弄得群臣反对，民怨沸腾。

倭女王遣使至魏进贡

魏景初二年（238）六月，倭邪马台国女王派使者到魏国进贡。

邪马台国大约位于今日本九州北部或者本州大和（即奈良）一带，其国王卑弥呼是一个独身女子，统属20多个部落。这次她派遣大夫难升米、都市牛利等经朝鲜半岛来到魏都城洛阳，献男女生口及班布等物品。十二月，

日本出土景初三年制铜镜

魏明帝下诏封卑弥呼为"亲魏倭王",封难升米为率善中郎将、都市牛利为率善校尉,回赠绀地交龙锦、绛地绉粟罽等精美丝织品和宝刀、铜镜等物。正始元年(240),魏使携带诏书和金帛等物往倭。正始四年(243)十二月卑弥呼再次遣使来魏贡献生口及倭锦等物。自魏景初二年至正始九年(248)的 10 年间,两国使者往返共达 6 次之多。魏、倭的交往,反映了中国和日本在经济文化方面交流的源远流长。

曹芳继位魏政权动摇

魏景初三年(239)正月,魏明帝曹睿病死,太子曹芳继位,年仅 8 岁。曹爽、司马懿受遗诏辅政。

年幼的曹芳即位,预示着曹魏政权的动摇。因为共同辅政的曹爽与司马懿,一为宗室大臣,一为外姓重臣,二人势必展开权力之争。本年二月,曹爽采用谋士丁谧的计策,上表推举司马懿为太傅,削弱其实权,虽仍保留他的都督中外诸军事、录尚书事等职务,但仅为空名,实际上司马懿已被架空。同时曹爽又多树亲党,以弟曹羲为中领军、曹训为武卫将军,统率禁军,任命亲信何晏为吏部尚书,毕轨为司隶校尉,控制选举,掌管机密,以图专制朝政。而司马懿则假装年老体病,表面上退隐家中,不干预朝政,实际上却在暗中部署,伺机消灭曹爽集团。由此,魏国权力核心层出现裂痕,冲突正趋于表面化。

魏晋宫室定形

魏晋时期，各代皇室纷纷大兴土木，兴建皇室宫殿，并逐渐沿袭到以后

三国重列神兽纹镜

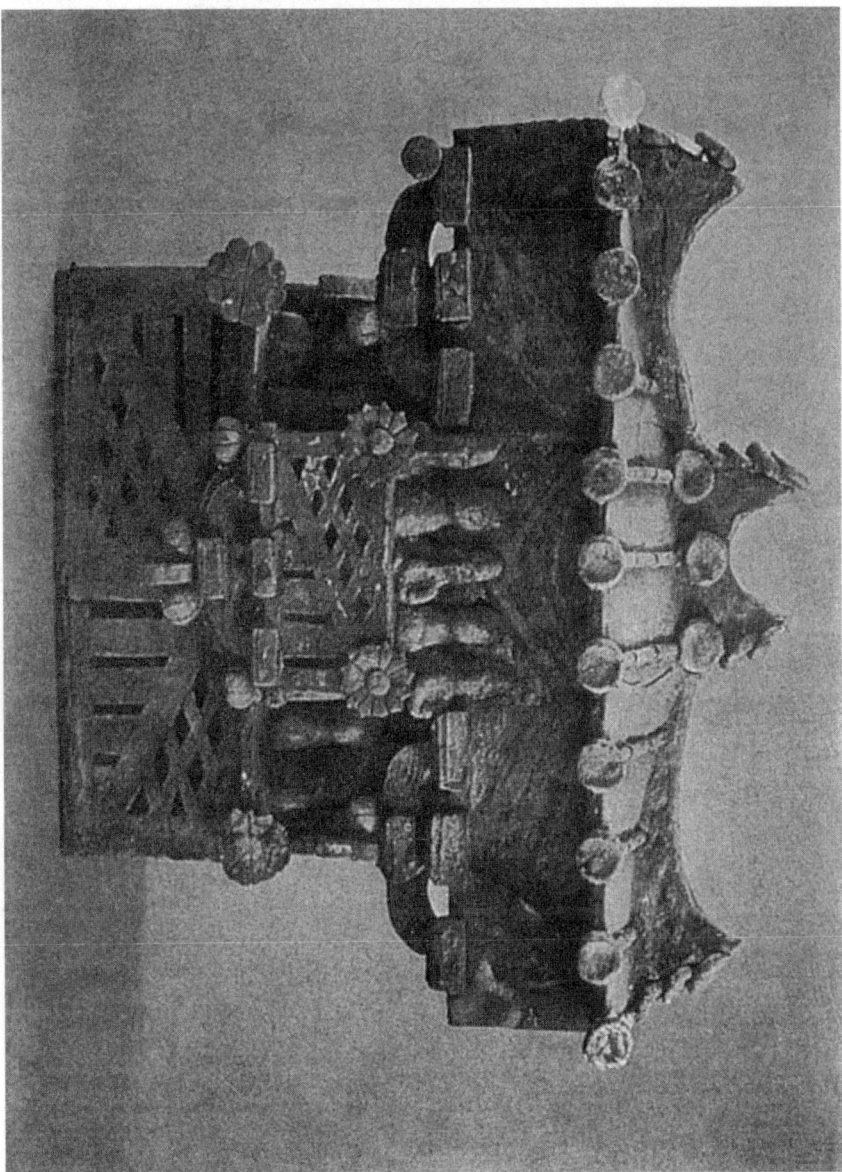

蜀陶屋模型

的各个朝代，成为我国古代皇宫建筑的典型风格。

建安十八年（213），曹操被封为魏公，建立魏国，都城设在邺城。当时，曹操的宫殿还是比较简朴的。黄初元年（220），魏文帝曹丕接受汉献帝禅让后，迁都至洛阳，仿照邺城皇宫的建法，在东汉北宫故址上建造洛阳宫。依然较为简朴，到了青龙二年（234），魏由于西蜀丞相诸葛孔明的病故，朝廷上下顿感压力锐减，由此开始了豪华奢侈的宫殿建造风气，并奠定了魏晋南北朝皇宫建筑的基本格局。这个格局由三部分组成，从南往北，依次是前朝、后宫及禁苑，前朝的主殿是太极殿，并在太极殿的东西两侧各建立一朝向相同但规格略低、体积略小的宫殿，称为东西堂。在后宫建有昭阳、徽音、含章等殿舍，作为贵人的居住区，并在后宫的北边建立八坊，作为贵人以下才人的居住区。除前朝和后宫之外，还在后宫北边芳林园中建造土山，称作景阳山，又名华林园。

魏晋时期宫室建筑的定形，与政治是有一定的依附关系的。从魏到两晋，各代的皇权更换均以禅让为其特点，因此各代皇室均采用前朝的宫室格局，其中虽然有增减变化，但整个宫室的布局大体上是不变的。其次，各代兴建皇宫，均以魏文帝兴建的洛阳宫为模型。

241～250A.D.

三国

241A.D. 魏正始二年 汉延熙四年 吴赤乌四年

四月，吴四路攻魏，六月退。魏于淮南北大兴水利。魏立三体石经。

243A.D. 魏正始四年 汉延熙六年 吴赤乌六年

十一月，汉蒋琬病甚；以费祎为大将军、录尚书事。

245A.D. 魏正始六年 蜀汉延熙八年 吴赤乌八年

是年前后，魏名士嵇康居山阳（县治今河南焦作东），与阮籍、山涛、向秀、阮咸、王戎、刘伶等人相与友善，游于竹林，号为七贤。

约是年，魏传玄等继撰《魏书》。

247A.D. 魏正始八年 汉延熙十年 吴赤乌十年

康居国僧人康僧会抵吴。吴画家曹不兴为之摹绘"西国佛画"，故被推为"佛画之祖"。不兴一作弗兴，吴兴（今浙江湖州）人。擅画龙、虎、马和佛教人物，与善书的皇象、善棋的严武、善数的赵达、善星象的刘敦等，被称为吴之"八绝"。

249A.D. 魏正始十年 嘉平元年 汉延熙十二年 吴赤乌十二年

正月，魏司马懿杀曹爽、何晏等，皆夷三族。何晏好老庄之书，与王弼等竞为清谈，后遂成为风气。王弼死。弼著有周易、老子等注。

250A.D. 魏嘉平二年 汉延熙十三年 吴赤乌十三年

汉姜维攻魏西平，不克。是年中，天竺律学沙门昙柯迦罗（意译法时）译出《僧祇戒心》，建羯磨法，创行受戒。是为中土有戒律受戒之始，后世，即以迦罗为律宗始祖。

241A.D.

波斯王萨浦尔一世侵美索不达米亚与叙利亚，罗马皇帝哥尔提埃那斯败之于利萨那。

244A.D.

罗马皇帝哥尔提埃那斯为禁卫军长官腓力普斯（阿拉伯人）所杀。

249A.D.

罗马驻达西亚之将军得西阿斯杀皇帝腓力普斯而自立（249～251）。即位后，下令镇压基督教徒。

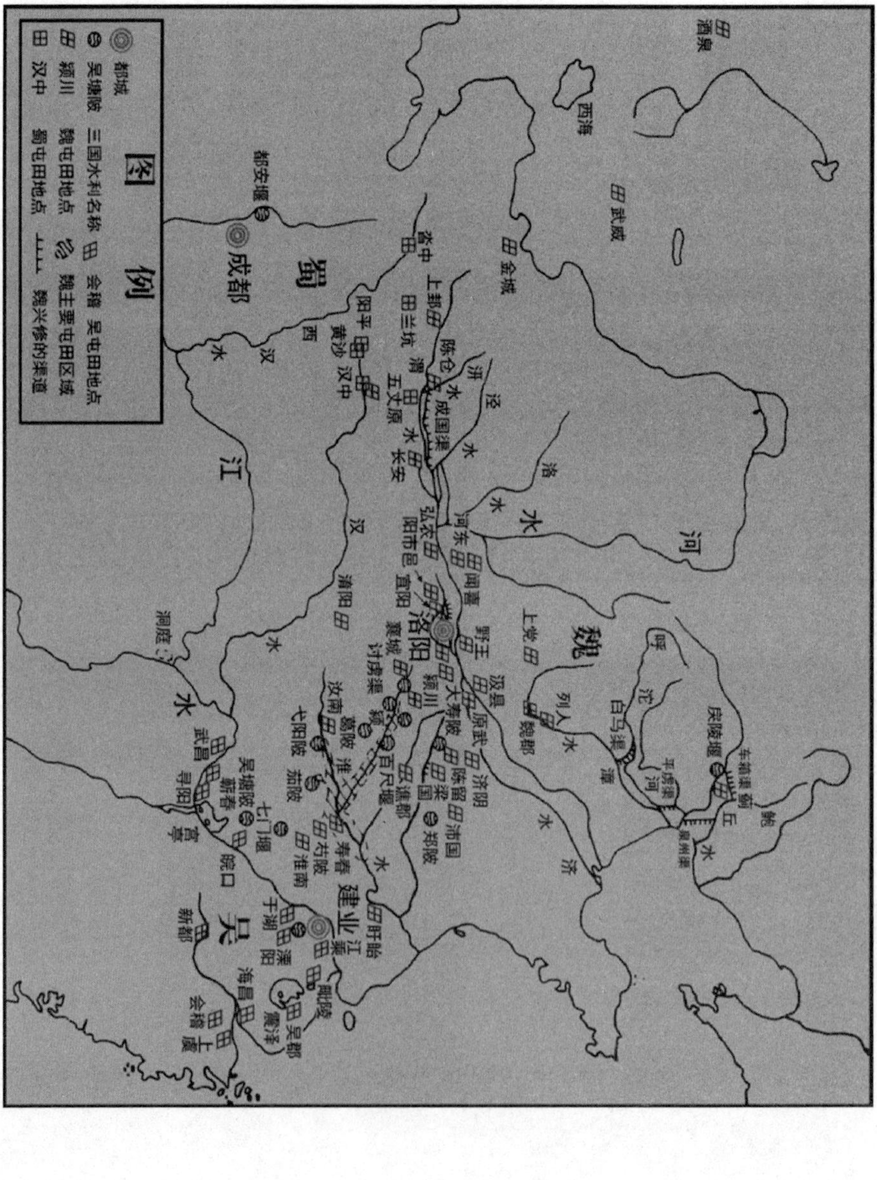
图例
都城
三国水利名称
魏屯田地点
蜀屯田地点
吴屯田地点
魏主要屯田区域
魏兴修的渠道
蜀
魏
吴
成都
洛阳
建业

魏在两淮屯田

魏正始二年（241）闰六月，魏尚书郎邓艾提出的在淮南、淮北大兴军屯的建议得以实施，并取得显著效果。

为解决对吴作战的军粮问题，魏国令邓艾对与吴接境的淮南、北一带进行考察，邓艾将其考察结果写成《济河论》一文。他认为应该广开渠道，增灌溉，通漕运，以尽当地地利，并且要限制许昌（今河南许昌市东）附近的

魏晋砖画出行图。此图的线描用毛笔中锋画成，凝练概括；马的项鬃、腿和尾等处都以一笔画成。构图有聚散开合的变化，且以队列中随从的密集，显示了出行人员的众多。该图突出地反映了嘉峪关魏晋墓室绘画的艺术水平，是魏晋绘画的杰作。

农田用水，集中到这一带来。邓艾建议派 2 万人屯田淮北，3 万人屯田淮南，轮取 1 万人戍守，4 万人屯田，这样一年除了开支，还可积谷 500 万斛。太傅司马懿对此计划极为赞赏，很快得以实行。

当年，魏自钟离（今安徽凤阳县）以南，横石以西，到沘水（今河南南阳）400 余里中，每 5 里置 1 营，每营 60 人，边屯田边戍守。另外，开凿、拓宽淮阳、百尺两大漕渠，上引河水，下通淮颍，又在颍水南北修塘挖渠，灌田约 2 万顷。淮南淮北连为一片，从淮南寿春（今安徽寿县）到淮北陈蔡以至京师（今河南洛阳），400 余里屯田线上农官兵田相连，阡陌相属，仓廪林立。10 余年后两淮屯田官兵发展到约 10 余万人。

魏在淮南、淮北大规模推行军屯，对于经略东吴，巩固东南边境，以及发展当地经济，都发挥了很大作用。

蒋琬、董允相继去世・宦官黄皓专蜀政

蜀延熙九年（246）年底，蜀大司马蒋琬及尚书令董允相继病死。从此，宦官黄皓渐专蜀政。

蒋琬字公琰，零陵湘乡（今属湖南）人。最初以荆州书佐之职随刘备入蜀，任广都（今四川成都东南，一说今四川双流）长。一次，刘备偶然到了广都，见蒋琬正酩酊大醉，不理公事，大怒，要治罪于琬。诸葛亮却认为蒋琬乃是社稷之臣，非百里之才，为其求情，刘备于是仅免其官职。不久，又任什邡（今四川）令。刘备称汉中王后，蒋琬则任尚书郎。蒋琬颇受诸葛亮所器重，诸葛丞相六出祁山，攻打魏国之时，琬以长史身份主持后方供应，常能足兵足食，解除蜀军后顾之忧。

诸葛亮去世之后，后主刘禅遵照其遗命，让琬代亮执政，委任蒋琬为尚书令，并代理都护之事，兼任益州牧，升为大将军，封为安阳亭侯。蜀延熙二年（239），又升为大司马。蒋琬治蜀有诸葛丞相遗风，蜀国因之政局稳定，百姓安居。

董允字休昭，南郡枝江（今湖北）人。历任太子舍人、黄门侍郎、太子洗马之职。允也深得诸葛亮器重。诸葛亮即将北伐，驻扎汉中，考虑到后主年轻，担心其是非不辨，有误国事，于是上疏请求任允为宫省事。后被委任为侍中，兼任虎贲中郎将，统领宿卫亲兵。董允事事防制，匡正后主刘禅。

后主常欲广选宫女，允却认为宫中嫔、嫱已足，不可再增加，故始终没有实行。后主对耿直的董允也惧怕三分。后来，刘禅宠信宦官黄皓，允常常正色劝谏，并且多次责问黄皓，抑制其干预朝政。黄皓畏怕董允，董允在世时，他不敢胡作非为，职位也不过黄门丞。蜀延熙六年（243），董允兼任加辅国将军，七年，任侍中守尚书令，为大将军费祎副贰。

诸葛亮、蒋琬、费祎、董允被蜀人并称四相、四英。如今，四英已去其三，宦官黄皓渐无顾忌，上讨后主欢心，蒙蔽后主，下压百官，掠夺民脂民膏，专擅朝纲，操弄权柄，终于导致蜀国灭亡，后主刘禅被掠入魏。

陆逊去世

吴赤乌八年（245）二月，吴丞相陆逊因被吴大帝孙权责罪，愤懑而卒。

陆逊（183～245），本名议，字伯言，吴郡吴（今江苏苏州）人，世代为江东大族，孙策之婿。善谋略，因功被封为娄侯。他为人寡言，言必中肯，举止庄严。用人处事，以朝廷为重，不以个人好恶为轻移。

英雄辈出的时代

双陆图为漆木双陆，中国古代博戏用具。共有棋子三十枚，一半为白子，一半为黑子，分属对阵的双方。双陆约在魏晋时从印度传入中国。

　　陆逊最初为孙权幕府，后荣升为右部督。攻打丹杨山越后，获得精兵数万人。汉建安二十四年（219），同吕蒙一起议定了白衣渡江袭取荆州之计，夺得荆州，擒杀了蜀大将关羽。吴黄武元年（222），刘备率倾国之兵，讨伐东吴，为二弟报仇。年轻的陆逊受命于危难之际，任大都督之职，率兵5万西拒刘备，隐忍七八个月不战，直到蜀军疲惫，移居草木之地，才顺风放火，以寡敌众，取得著名的夷陵之战的胜利。吴黄武七年（228），又在石亭（今安徽怀宁、桐城间）大破魏将曹休。陆逊曾建议增广屯田，并兼任荆州牧，被封为江陵侯。吴黄龙元年（229），陆逊又被委任为上大将军、右都护。长期驻守东吴重镇武昌（今湖北武昌），独挡蜀汉一面的战和。孙权对陆逊多有依重，每次写给蜀国的书信，常常先交给他过目，若有不妥之处，便做修改。吴黄龙元年（229）孙权迁都建业后，仍让陆逊留守武昌，辅佐太子登。吴赤乌七年（244）顾雍去世后，他继任吴丞相。当时，吴太子和与鲁王霸争夺太子位，陆逊屡次上疏陈述嫡庶之分，因此得罪于晚年已刚愎自用的孙权，数遭其责让，愤懑膺怀，终于以63岁而终。陆逊的外甥顾谭、顾承、姚信也因亲附太子获罪，被流放。陆逊去世之后，孙权将杨竺所

奏陆逊二十事拿来——问于陆逊之子陆抗，才稍为释怀。自此之后，东吴朝中耿介之臣日少，朝政渐坏。

曹爽攻蜀

魏正始五年，蜀延熙七年（244）二月，魏大将军曹爽奉诏率众10余万攻打蜀国。五月，无功引军还师，遭蜀将费祎追击，大败而回。

曹爽不听太傅司马懿的劝阻，执意攻蜀。三月，曹爽到达长安（今陕西西安），

高句丽百戏与逐猎壁画

发兵 10 余万人，与魏将夏侯玄自骆口（今陕西周至西南）入汉中（今陕西南部汉水流域）。当时汉中蜀国守军不满 3 万，诸将都很恐慌。蜀汉中太守王平于是命护军刘敏据守兴势（今陕西洋县），多张旗帜，横亘百里，以为疑军之计。四月，曹爽抵达兴势，受阻不得进。又因关中及氐、羌骚扰，军需给养转运困难，牛马骡驴死了很多，加上蜀援军又至，于是曹爽无奈听从了参军杨伟的谏议，以及司马懿的修书劝说，于五月份引军还师。蜀大将军费祎据守三岭（今中南山沈岭、衙岭、分水岭）截击魏军，曹爽苦战得脱，损伤惨重。

魏攻高句丽·刻石记功而还

魏正始七年（246）二月，魏攻打高句丽，破其都城丸都城。高句丽王位宫多次带兵袭扰魏国属地辽东，魏不堪其扰，派幽州刺史毋丘俭率领步骑兵约万人出玄菟讨伐高句丽（今鸭绿江及其支流浑江流域一带）。位宫领军 2 万人，在梁口战败，位宫与其妻子逃脱。毋丘俭随即进军高句丽都城丸都（今吉林集安东），血屠丸都城，斩获约数千人。不久，俭再次领兵出击，位宫狼狈逃至买沟（今吉林会宁）。俭派遣玄菟太守王欣追击，过沃阻（今辽宁、吉林一带），有千余里之遥，到达肃慎氏（中国东北部少数民族）南界，诛杀及掳掠约 8000 余人，刻石记功而还。此后，高句丽率军南下，攻取平壤。

司马懿发动政变

　　魏正始十年（249）正月，魏司马懿发动高平陵政变，诛杀曹爽及其亲党，从此，司马氏专掌魏国大权。

　　齐王曹芳继魏帝位后，曹爽、司马懿辅政。曹爽排挤司马懿，广树亲党，专擅朝政。司马懿不能禁止，与曹爽不合，矛盾日益加深。正始八年五月，懿诈称有病，不再参预政事，但暗中却在积极部署，寻机东山再起。

　　正始九年冬，曹爽亲腹李胜出任荆州刺史，借辞行之机，试探司马懿虚实。懿诡称病重，由两婢女服侍，拿衣，衣落；指口言渴，侍婢进粥，懿举杯不稳，粥都流出沾满前胸。李胜与其谈

司马懿像

话，懿假装耳聋，言语错乱，文不对题，情形似已命在旦夕之间。李胜慨叹，告辞出来，转告曹爽说，司马懿已经形神相离，不足为虑了。于是，曹爽放下心来，不再提防司马父子。而司马懿暗中正与其子中护军司马师、散骑常侍司马昭谋诛曹爽。

正始十年正月初六，魏帝曹芳到高平陵（今河南洛阳东南）祭扫明帝曹睿陵墓，曹爽与其弟中领军曹义、武卫将军曹训、散骑常侍曹彦都随驾前往。司马懿乘此城中空虚的良机，以迅雷不及掩耳之势发动政变，迫使皇太后发令，关闭洛阳各城门，占据武库，屯兵于洛水浮桥，切断洛阳与高平陵的交通；派司徒高柔、太仆王观分别占据曹爽、曹义营寨；又迫使皇太后下令免除曹爽兄弟职务；一方面派人送奏章给曹芳，说曹爽兄弟有无君之心，要求罢免其兵权。懿又派遣侍中许允、尚书陈泰、曹爽的亲信殿中校尉尹大目来游说曹爽，对他说，司马父子只求罢其官职，并不伤其性命，并指洛水为誓。曹爽兄弟一夜无眠，瞻前顾后，思虑再三，终于投刀于地，说："我亦不失作富家翁！"桓范失望大哭，痛心疾首。曹爽于是奉陪魏帝还宫，曹氏兄弟也各自回家。懿命洛阳吏率围守曹氏兄弟之家，四角盖起高楼，监视他们的一举一动，实际上曹氏兄弟被软禁起来了。最初爽唯恐懿加害性命，惶恐不安，于是诈称家中无粮试探懿的态度，司马懿随即派人送粮过来，爽于是认为司马父子无加害之心，可以高枕无忧了。谁知正月初十，司马懿以阴谋反叛罪，将曹爽兄弟及其亲信何晏、邓扬、丁谧、毕轨、李胜、桓范等下狱，以大逆不道罪斩首，并夷灭三族。从此之后，曹魏军政大权实际上全部归于司马氏集团。

康僧会入吴·江南首座佛寺落成

吴赤乌十年（247），西域康居国（今俄罗斯巴尔喀什湖与咸海之

三国诗经铭文重列神兽纹镜

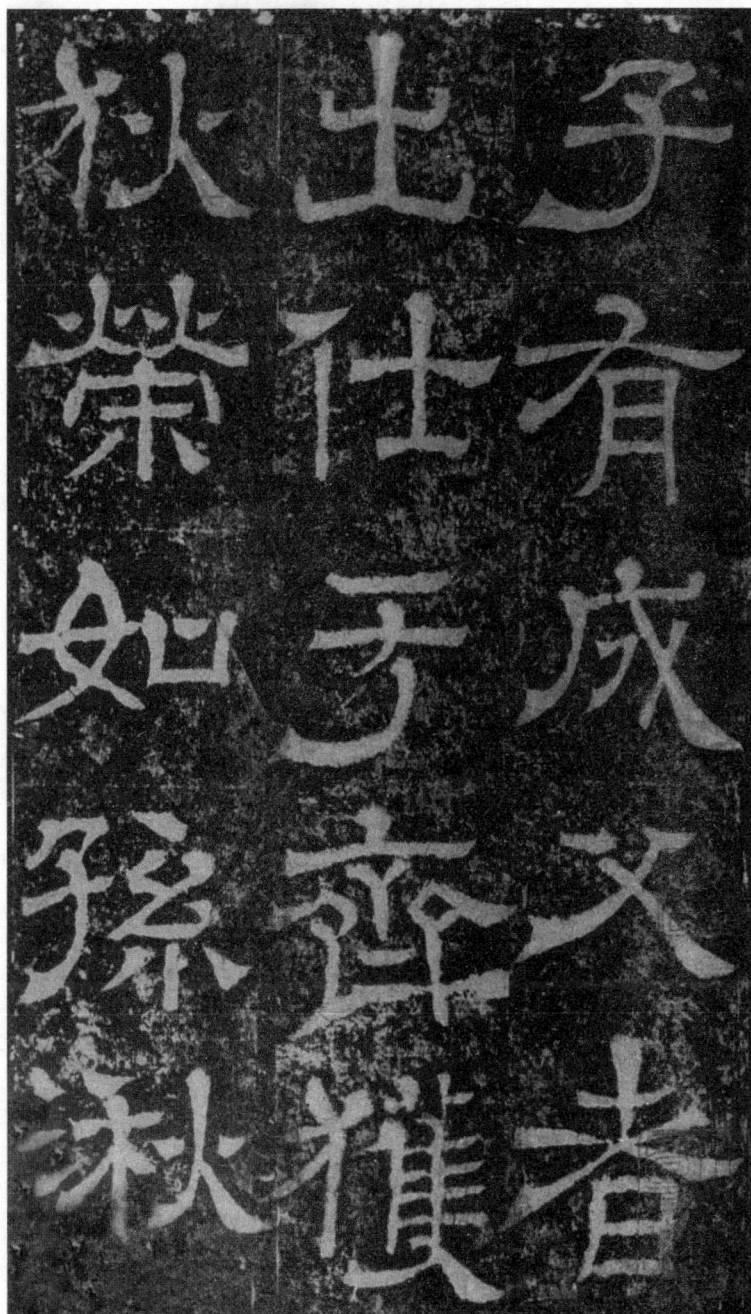

魏王墓残碑

间）僧人康僧会由交趾抵达建业，吴大帝孙权为其建寺立塔，号为建初寺。

康僧会（？～280），世居天竺，其父因经商移居交趾。在他十余岁时，父母双亡，于是出家为僧。康僧会博学强记，广泛涉猎佛经和儒家经典，又通晓天文方技，能文善辩。到建业后，孙权与其交流，很为欣赏，专门为他在金陵大市后修筑了江南第一座佛寺——建初寺。

至晋太康元年（280）去世为止，康僧会在建初寺居住了33年，译注佛经。他师承安世高，偏于小乘，前后译出《阿念弥》、《六度集》、《旧杂譬喻》等佛经，共7部20卷，又注《安般守意》、《法镜》、《通树》3经，并写经序。康僧会汉学修养较高，其译注文辞典雅，文中多援引老、庄名词典故，后世赞其译笔是"妙得经体，文义允正"，可说是印度佛教汉化的先驱。

玄学产生

玄学是一个真正的本体论哲学。在汉代基本上只有宇宙论、社会哲学和数术、神学，玄学本体论的出现是中国哲学史上的一件大事。

相比之下，宇宙论之前的道家本体论则幼稚得多，是一种半直观、半艺术的哲学，而玄学尽管在发生期受到道家的很大影响，却在自身中演化出了独特的概念体系和范式。到了"化"成为主导观念的时候，玄学已不再是一种清谈了，而成为一种真正的哲学。

玄学的"化"和"自性"与魏晋崇尚自然、个体的精神是一致的。

玄学的意理分析方法是历史上最早的成熟的哲学工具系统。

玄学是玄，但不妙。玄学与道家的本体论、孔子的大同世界相比，是更

倾向于个体化、更倾向于现实的哲学。它的出世色彩其实是反社会、反文明的末世感。

玄学对于后代哲学的影响远远大于后代人对它的承认。它关于化、个体、自然、自性的结论当然是没有人接受了，但它的内在方法，它的意理分析和对意味实体的重视被理学接受了下来。在对儒家的态度、对社会的态度和哲学的社会效用上，理学与玄学本质不同，甚至是死敌，但在哲学对象（意味、理气实体）和哲学的意理分析上，理学更多地继承玄学，而非战国儒和汉儒。

玄学的发展共分四个时期，本时期为玄学发生期。

魏晋玄学产生于汉末和魏晋的政治与社会。汉魏之际对于人的品鉴、来源于政治的对名实的讨论以及文学艺术上的神韵思潮都是其预备期的组成部分。

正始时代的何晏、王弼是玄学的创立者。他们将老、庄、易并列为三玄，并依傍儒学立宗。他们最引人注目的是用无来代替道，并在体用不二、本末不二的前提下论述了无。他们的重点在无，但注意在有中把握无，"知其母而执其子"。在生活哲学上他们的无为论和性情论、自然论都是在当时社会政治压迫下的一个变态。

他们论述了当时的热门话题：言象意的关系，并用它来解释周易，认为象用来表达意，言用来表达象，并进而要求放弃言、象来达到意，因而这实质上提出了魏晋玄学的意（神韵的形而上学范畴），但是他们是就周易来谈的，在有无关系上，他们只是提出问题，其体系还有老子、汉代的特征，未能把有无放到象意的层面上。他们是玄学的发生。

值得一提的是，同一时期的傅玄与杨泉则是在谈玄日盛的情况下仍然采用传统方式，他们重提水的本原论，在天地、灵魂等问题上是唯物主义者。

玄学领袖何晏、王弼与世长辞

　　魏正始十年（249）正月，魏尚书、玄学家何晏因亲附大将军曹爽，在高平陵事变中被杀，年60岁。王弼也在本年病死。

　　何晏（190～249），字平叔，南阳宛（今河南南阳）人，是汉外戚大将军何进之孙。年幼时其母尹氏改嫁曹操，何晏便被曹操收养。他少有才名，又人物秀美，娶曹操之女金乡公主，很得曹操喜爱。何晏因此恃宠骄奢，他面白净，又好修饰，行步顾影，沉溺于情色，爱服五石散，当时人称"傅粉何郎"。曹芳继位后，曹爽委任他为散骑侍郎，提升他为侍中尚书。

　　何晏与王弼一　王弼像

起，开创了风靡一时的正始玄学，导引了清谈世风的兴起。何晏好老庄，"援老入儒"，认为天地万物，皆以"无"为本，而"无"即是老庄的"道"，它化生了万物。主张君主无为而治，不反对名教，但又认为名教应本于自然；在才与德的关系上，持才性离、异的观点。何晏著有《论语集解》、《道德论》、《无名论》、《无为论》。现存的《论语集解》20卷为流传至今最早的《论语》注解。在《道德论》中，提出玄学"贵无派"的一些主要观点，如"有"生于"无"，"有名"源于"无名"等。何晏同时又是诗赋高手，有《拟古》及《景福殿赋》流传于世。

王弼字辅嗣，魏国山阳（今河南焦作市）人，著名文学家王粲族孙，卒年仅24岁。著有《周易注》、《周易略例》、《老子注》、《老子指略》，对玄学思想的发展影响至为深远。他认为"无"是宇宙万物的本体，"有"不过是末，但去"有"也不能体现"无"；自然（"无"）是本，名教（有）是末，但名教即是自然的体现。他把易道解释为宇宙万物有规律的运行，即宗于无为、本于自然的发展，其注《易》偏重哲理，尽扫汉代象数。

何晏、王弼祖尚老庄，好玄言之谈，一时群起效法，蔚为时尚。

魏立三体石经

魏正始二年（241），魏在洛阳国子太学门外，汉《熹平石经》之西，立三体石经，史称《正始石经》或《魏石经》。

石经上刊刻有儒家经典《尚书》、《春秋》以及《左传》诸经，因经文都是用古文、小篆和汉隶三种字体写成，所以称《三体石经》。相传为著名

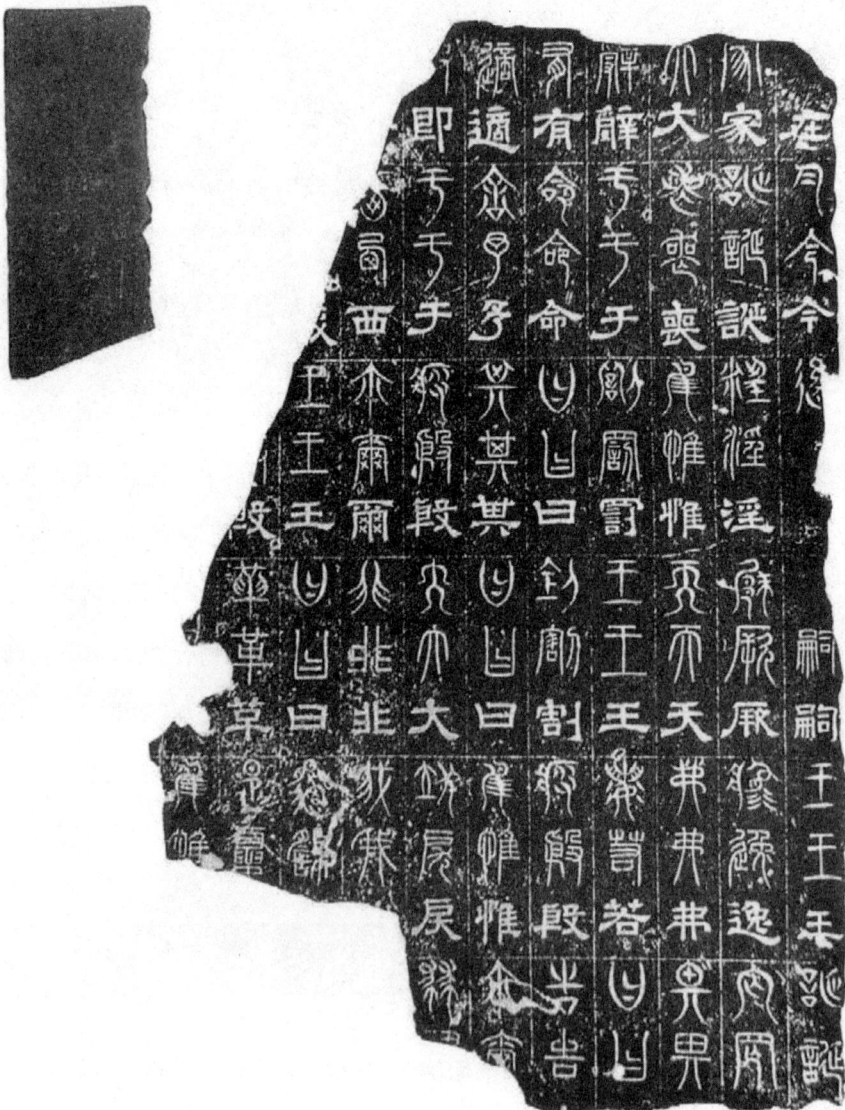

三体石经。曹魏正始二年，用古文、篆、隶三种书体刻《尚书》、《春秋》、《左传》于石上，故称"三体石经"。图为三体石经石碑及拓本。

三国卧婴托盏吊灯。照明用具。由链、灯盘、人形三部分组成。灯盘为圆形，盘内正中有锥形烛钎。器身为一人两手托盘。人作俯卧昂首，鬈发束髻，突额大眼，高鼻厚唇，裸体跣足，腰系带形横幅，腹腔内空，胸前开孔与灯盘相通。背部有弧形盖。两肩与臀部有三环钮，与三串活链联结，系在隆起的圆盖上，盖顶伫立一孔雀，作开屏状，上用活链悬挂。人的形象具有西域民族特征。

109

文学家、书法家邯郸淳书写，或者是仿效他的书体。其中隶、篆二体同《说文》所收字体大致相同，古文则与《说文》所收的稍异，但基本接近。诸书记载的原经石数多不一致，大约有27碑。经石已经毁坏，原在今洛阳东郊朱家圪垱村龙虎滩一带，唐宋即有残石出土，以后间有发现，现存残石有《尚书》、《春秋》两经部分经文，大约共2500多字。

三国

252A.D. 魏嘉平四年 汉延熙十五年 吴太元二年 神凤元年吴会稽王孙亮建兴元年

吴大帝死，子亮嗣。十一月，魏三道攻吴，东路之师为诸葛恪所败，死者数万。

253A.D. 魏嘉平五年 汉延熙十六年 吴建兴二年

十月，吴孙峻等杀诸葛恪，夷三族，峻为丞相。

254A.D. 魏嘉平六年 魏高贵乡公曹髦正元元年 汉延熙十七年 吴五凤元年

秋，吴吴侯孙英谋杀孙峻，事泄，被杀。九月，魏司马师废魏帝为齐王。十月，立高贵乡公髦，改元正元。

256A.D. 魏正元三年 甘露元年 汉延熙十九年 吴五凤三年 太平元年

七月，汉姜维出祁山，趋上邦，魏邓艾大破之于段谷。十月，吴内讧，孙綝杀滕胤等，夷三族。魏经学家王肃卒（195～256）。

257A.D. 魏甘露二年 汉延熙二十年 吴太平二年

魏征东大将军诸葛诞称臣于吴。

258A.D. 魏甘露三年 汉景耀元年 吴太平三年 景帝孙休永安元年

二月，魏司马昭破寿春，杀诸葛诞。九月，吴孙綝废吴帝为会稽王，十月，立琅邪王休，是为景皇帝，孙綝为丞相。十二月，吴景帝杀孙綝，夷三族。

260A.D. 魏甘露五年 魏元帝曹奂景元元年 汉景耀三年 吴永安三年

五月，魏帝髦讨司马昭，不克，死，立常道乡公璜，更名奂，改元景元。魏僧人朱士行西行取经。

258A.D.

波斯王萨浦尔一世率师侵美索不达米亚与叙利亚，罗马皇帝瓦利利阿斯与全军投降。

259A.D.

罗马各地驻防军官，纷纷拥兵自立，号称"三十暴君"。

司马懿死·司马师专魏

魏嘉平三年（251）八月初五，太傅司马懿去世。

司马懿（179～251），字仲达，河内温县人，出身于世族，多谋略，善权变，是魏国重臣。年少时便聪明博学，被当时名士赞为"非常之器"。魏国建立后，任太子中庶子，深得曹丕倚重。和陈群、吴质、朱铄号为四友。曹丕即位后，任丞相长史，后提升至侍中、尚书右仆射，改任抚军，兼给事中，总领尚书之事。魏明帝即位后，他出任大将军，率军驻长安，统领雍、凉二州的军事任务，挡拒了诸葛亮的北伐。民间对司马懿和诸葛亮斗智的故事演说很多，这也说明了司马懿的军事才能非常杰出，可与诸葛亮匹敌。魏景初二年（238），率军攻打辽东，杀了公孙渊。次年明帝曹睿去世，司马懿受遗诏和曹爽共同辅政。魏正始十年（249），司马懿发动高平陵事变，从此司马氏集团掌握了曹魏政权。司马懿内忌而外宽，善权变而残忍，每次商议重要事件，都有奇策。曹操对他总有提防之心，曾对曹丕讲，司马懿不会久居人臣的，日后一定会干预你的大事。但曹丕和司马懿交情很好，每次都极力地保全护佑他，使他最终没有被曹操杀死。于是司马懿便勤于职守，夜以继日，操劳国事，曹操才渐渐放下心来。司马懿后来杀了曹爽全家，其支党均夷三族，老老小小，连出嫁的姑表姐妹都不放过。

司马懿死后葬在首阳山，追封为文侯，后改宣文侯；晋国建立后，追尊

为宣王；司马炎称帝建立晋朝，又上尊号宣皇帝，陵曰高原陵，庙号晋高祖。

司马懿死后，其长子司马师做了抚军大将军，总领尚书之事。次年正月，司马师做了大将军，从此专了魏国政权。高平陵事变之后，司马氏父子相继专权，魏帝曹芳已经成为傀儡。在政治上司马氏父子实行高压政策，顺之者昌，逆之者亡。中书令李丰、太常夏侯玄，都是一时名士，海内外对他们十分敬慕，这令司马师非常忌恨。司马师见曹芳屡次召见李丰单独密谈，便怀疑是在议

魏三辟邪灯座。此灯座由三卧伏之辟邪的臀部相连，连接处生一空心的圆柱，柱中一弦纹，柱口残缺。三辟邪均张口露齿，颌下有须，头顶分披鬃毛至腿部；腿部刻有旋涡纹，似为羽翼。此器造型对称，塑造刻划富于装饰。

论和图谋自己。魏嘉平六年（254）二月，司马师当面责问李丰，要他交待他和魏帝的谈话内容，李丰没有据实禀告，司马师大怒，以刀环捶杀李丰，然后诬隐他和皇后之父张缉、太常夏侯玄谋反，杀害了张缉、夏侯玄以及平素与他们亲善的朋友，并夷灭三族，废了张皇后。

九月，司马昭受诏领兵到洛阳进见皇帝，大家都劝曹芳在司马昭辞行时杀死他并夺取他的兵权，以此来迫使司马师辞官。诏书写好后，曹芳因恐惧而不敢发。十九日，司马师逼迫皇太后下令，废曹芳为齐王，在河内（今河南武陟境）筑宫殿安置下来。又从元城（今河北大名东）迎立东海王曹霖之子高贵乡公曹髦为皇帝。当时曹髦仅14岁。十月，曹髦到洛阳即帝位，改年号为正元。

从此，曹魏政权完全落在司马师之手。

诸葛恪专吴被杀

吴太元元年（251）十二月，吴大帝孙权病重，因为太子孙亮年幼，想将其托付给一个有为的大臣。侍中孙峻推荐大将军诸葛恪，孙权嫌诸葛恪刚愎自用，孙峻则认为当时朝臣没有一个比得上诸葛恪。孙权于是从武昌召回诸葛恪，任命他为大将军，兼任太子太傅，总统军政大事。吴神凤元年（252）四月，孙权去世，吴中书令孙孔欲改诏书以杀诸葛恪，为诸葛恪所杀。闰四月，诸葛恪命令罢除典校诸官府及州郡文书，专事"视听"的校官，废除关税，深得吴国民心。

吴建兴二年，魏嘉平五年（253）三月，诸葛恪不顾诸臣劝阻，发兵20

万攻魏。五月，在围攻合肥新城（今安徽合肥西北）时，遭到抵抗。当时正值炎暑，吴士兵疲劳过度，疾疫流行，病死大半。诸葛恪为城池久攻不下迁怒于部将，士兵怨声载道。魏太尉司马孚率援军20万赶至新城，乘机进兵。七月，诸葛恪被迫率军回到建业。不久，又准备再次攻打魏国，朝野上下一片怨气。

吴建兴二年（253）十月，武卫将军孙峻因为吴人都怨惧诸葛恪，于是决定设计杀他，孙峻与吴主孙亮商定，摆酒席请诸葛恪，在帷帐内暗藏伏兵。散骑常侍张约、朱恩秘密给诸葛恪送信，诸葛恪把信交给滕胤看，滕胤劝诸葛恪马上回府，诸葛恪却说：孙峻有什么能耐，恐怕只是借酒食毒死我吧！于是带剑赴宴，并饮自带的酒。孙峻声称有诏书捉拿诸葛恪，于是在座上杀死了他，并夷灭其三族。诸葛恪被杀后，孙峻独揽吴国朝政大权。

诸葛恪（203～253），字元逊，是诸葛瑾长子。他从小聪慧过人，孙权曾对诸葛瑾说"蓝田生玉真不虚也"，对诸葛恪极为赏识。吴嘉禾三年（234），诸葛恪主动请兵镇压山越，因功而升为威北将军，封都乡侯。陆逊去世后，诸葛恪任大将军。诸葛恪被杀后，苇席裹身，被投到建业城南石子岗，后来被原部下收葬。

孙权去世

吴建兴元年（252）四月，吴大帝孙权去世，时年71岁。太子孙亮继位，改年号为建兴。

孙权（182～252），字仲谋，吴郡富春（浙江富阳）人。是汉长河太守孙

吴国孙权于238年铸造的"大泉当千"铜币

坚的次子，吴侯孙策的弟弟。曾随兄长孙策攻打刘勋、黄祖。孙策死后，他继承兄长基业占据江东六郡（会稽、丹扬、吴郡、豫章、庐陵、庐江）。在张昭、周瑜等人辅佐下，聘请名士，安抚将卒，讨伐叛逆，平定山越，稳定了东吴局势。建安十三年（208）联合刘备在赤壁大败曹操，巩固了政

吴孙权营建南京城遗留至今的古城壁

权，不久，袭杀关羽，夺取荆州南郡，全部占有三峡以东、长江流域以南地区。后又在夷陵一战大败蜀军，重创刘备，最终形成三国鼎立的局面。吴黄武元年（222），孙权自称吴王。吴黄龙元年（229）孙权称帝，国号吴，都城设在建业。孙权在位23年，实际统治江东50多年，他在统治期间，曾大规模派人航海，加强对夷洲（台湾）的联系，明显促进了与南洋诸国经济文化交流。在位期间，还依靠江东顾、陆、朱、张四大世族，施行世袭领兵制和复客制，又设置农官，实行屯田，并在山越聚居区设置郡县，促进了江南地区的开发。孙权前半生是一位有作为的统治者，尤以知人善任见称，但称帝后渐刚愎自用，一意孤行。

孙权死后，追尊为大皇帝，庙号太祖，葬在蒋陵（今江苏南京梅花山）。

世袭领兵制在东吴形成

孙权统治东吴期间（200～252年），为换取世家大族的支持，逐渐形成了"世袭领兵制"，又称"世兵世将制"。孙权允许将领拥有私兵，并且还不断将士兵赐给将领。诸将都世袭，父兄死后由子弟接任。在吴国领

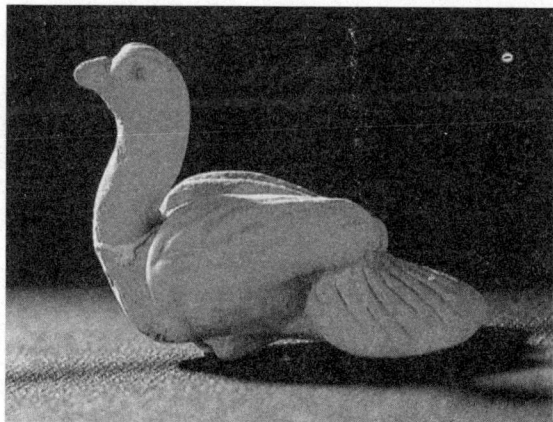

吴国陶鸽

兵多少成为地位的象征，授兵成为一种赏赐。士兵奉将领为主人，将领视士兵为私属，士兵有很强的人身依附关系。最初士兵用来作战，后来逐渐演变成战时作战，平时为将领从事生产的私人半生产奴隶。搜剿山越所得的士兵经常在各将领之间进行分配。这种逐渐形成的制度，到吴国灭亡之后（280）结束。

毋丘俭反司马师

魏正元二年（255）正月，镇东将军毋丘俭、扬州刺史文钦假传太后诏书，在寿春起兵，将檄文传至各州郡，号召讨伐司马师。毋丘俭（？～255），字仲恭，河东闻喜（今属山西）人。承袭父亲爵位为平原侯文学，明帝即位后，提升至荆州刺史。后因攻打辽东、高句丽有功而任镇南将军。嘉平四年（252），转为镇东将军。他和夏侯玄、李丰等人相交深厚，夏侯玄等人被杀后，其内心恐惧，于是起兵反司马师。

毋丘俭率五六万兵北渡淮河，向西到达项县（今河南沈丘南）。当时司马师刚割了目瘤，尚未痊愈，但仍亲率10几万兵出征，并召集东、西、北三方的兵力，在陈（今河南淮阳）、许（今河南许昌东）相会。闰正月，司马师之兵进据汝阳、南顿，并命令镇南将军诸葛诞攻寿春，征东将军胡遵，在谯（今安徽亳县）、字（今安徽界首东北）之间，绝其归路。文钦与其子文鸯领兵乘夜袭击乐嘉（今河南项城西北），兵败而归。司马师与毋丘俭交战，病目突出，仍忍痛再战。毋丘俭看到文钦战败，便连夜逃走，全军溃散。文钦回到项县，因孤军奋战，无法立足，又因寿春已被诸葛诞攻占，便与其

子投降东吴。毋丘俭逃到慎县（今安徽颍上西北），被县民张属所杀。司马师夷灭其三族。不久，司马师因目疾转深，死于许昌。

魏吴战于东兴

魏嘉平四年，吴建兴元年（252），十二月，魏国大将军司马师采纳镇东将军诸葛诞的建议，命令征南大将军王昶攻打东吴南郡（今湖北汉水以西，江陵、当阳一带），镇南将军毋丘俭攻打武昌（今湖北鄂城），以牵制长江上

魏陶犀

英雄辈出的时代

毋丘俭征高句丽刻石记功碑断片

游的吴兵，然后命令征东将军胡遵、镇东将军诸葛诞率 7 万兵力攻打东兴（今安徽巢县东南）。吴国太傅诸葛恪率 4 万兵力，昼夜兼程前往救援。魏军到达东兴，在堤上列兵，分兵攻打两城，没有攻下。当时天寒下雪，胡遵等置酒高会，吴冠军将军丁奉见到这种情景，观察到魏前部兵少，便对其 3000 兵士说："取封侯爵赏，正在今日。"于是让兵士卸下铠甲，放下长兵器矛、戟，只戴头盔刀盾，裸身沿堤前行。魏兵没有加以提防，只觉好笑，吴兵则鼓噪而前，攻破魏前营，随后吴将吕据等也赶到，魏军大惊，四散逃去，伤亡数万人，前部督韩综、乐安太守恒嘉都战死。韩综原为吴将，其父韩青去世后，他便叛变投降了魏国，孙权恨之入骨。故诸葛恪命人将韩综首级祭告孙权庙。这一次战役，吴国俘获魏牛马、骡驴各以千数，资器堆积如山。第二年正月，王昶、毋丘俭听说胡遵等已兵败，便烧营退兵。

司马师卒·司马昭继承专魏

　　魏正元二年（255），司马师去世。司马师（208 ～ 255），字子元，河南温县人，司马懿的长子。他沉毅，多有大谋略，少时便有美誉，与何晏、夏侯玄齐名。魏景初（273 ～ 239）中，任散骑常侍、中护军。司马懿杀曹爽时，只与司马师密谋。司马师暗地养精兵 3000 人，分散在民间，等举事时，召之即来。事平之后，司马师因功被封为常平乡侯，不久又任卫将军，司马懿死后，司马师总揽军国大权，先后杀李丰、夏侯玄等政敌，又废除皇帝曹芳，改立曹髦。本年正月，司马师又带病率兵平定毋丘俭、文钦的武装反抗，进一步加强了司马氏集团的力量。在这场战斗中，司马师因被惊骇，病情加重，不久病逝。死后追尊为忠武,葬在今河南偃师北邙首阳山峻平陵。晋朝建立后,追尊他为景帝,庙号世宗。

司马师病重去世前,命同母弟弟卫将军司马昭总统诸军。本年二月,魏颁诏委任司马昭为大将军,总领尚书之事。从此司马昭继司马师之后独揽魏国朝政。

王肃治经

著名经学家王肃(195～256),字子雍,东海郯县(今山东郯城西南)人,生于会稽,是魏司空王朗的长子,司马昭的岳父,官至中领军,兼散骑常侍。

王肃精通经书,尤其喜欢贾逵、马融所传的古文经学,承家学渊源又通习今文。两汉经学至郑玄综合今古文而集大成,郑玄之学流行于北方,但王肃独不喜欢郑学,并创立"王学",与"郑学"相对。为了与郑学抗衡,他撰《圣证论》,专门攻击郑氏,并伪造《孔子家语》、《孔丛子》等书,以佐证其说。

王肃像

他一如郑玄不分辩古文今文，参考依据诸家说法遍注群经，驳郑玄之学也不专一法，有时用今文说反驳郑古文，有时又用古文说驳郑今文。此后两派激烈争斗，互不相容，取代了汉代的今古文经学之争。王肃曾注《尚书》、《诗经》、《论语》、《三礼》、《左传》及其父王朗所著的《易传》，这些书都在晋代立于学官。晋初郊庙礼仪，也采用王肃之说而不用郑义。王肃注经不分今文古文，综合了各家经义。现在这些书都已佚失，只存清代辑本。王肃还有散文一卷，其散文以《清省徭平刑疏》较著名。他善写奏章，但今已佚。

司马昭杀魏帝

魏甘露五年（260）五月七日，魏帝曹髦讨司马昭被杀。

曹髦（241~260），字彦士，魏文帝曹丕之孙，东海定王曹霖之子。魏正始五年（244）封高贵乡公。从小好学，工于书画，所画人物故事，在魏代独树一帜。"卞庄刺虎、新丰放鹤"等图，曾流传一时，今已佚失。他还善文赋，著有《春秋左

魏陶侍俑

氏传音》等。去年正月，民间传说宁陵（今河南宁陵东）井中出现黄龙，曹髦即作《潜龙诗》以自讽，以龙屈居广井中自比。曹髦因司马昭权势日重，危及帝位，终于不胜其忿，声称司马昭代魏之心，路人皆知，决心要亲自出讨。王经等人谏阻，曹髦不听，随于本月率殿中卫士僮仆鼓噪而出，王沈等人急走奔告司马昭，司马昭派中护军贾充领兵在南阙下迎击，骑都尉成倅之弟、太子舍人成济挺戈直刺曹髦，曹髦死，年仅20岁，司马昭假传太后诏，宣布曹髦罪状，追废为庶人，又从邺城（今河北磁县南）迁来燕王曹宇之子常道乡公曹璜，更名奂，于六月二日，在洛阳即位。后来司马昭以"大逆不道"罪诛杀成济一族，以谢罪于天下。曹髦后被以王礼葬在瀍涧之北（今洛阳西北）。

孙綝专吴被杀

吴五凤三年（256）九月，吴国丞相孙峻去世，偏将军孙綝任侍中、武卫军，总管中外诸军事，代孙峻辅政。孙綝（231～258）字子通，与孙峻同祖。

孙綝因为吴帝孙亮亲理政事后，常提出一些难以回答的问题，心里十分害怕。吴太平三年（258），从攻打魏国回朝之后，他便称病不再上朝。又派弟弟威远将军孙据、武卫将军孙恩、偏将军孙干、长水校尉孙闿分屯各营想加强自己的势力。八月，吴帝孙亮和金公主孙鲁班及将军刘丞谋划诛杀孙綝之事，秘密下诏给全皇后的父亲全尚。全尚把事情泄漏给妻子，即孙綝堂妹孙氏，于是她向孙綝告密。九月二十六日，孙綝连夜发兵袭击擒拿了全尚，杀了刘丞，并围住皇宫。孙綝将孙亮废为会稽王，尚书桓彝不肯附从，孙綝将其杀掉，并

把全尚迁徙到零陵，不久又追杀之；又把金公主迁到豫章（今江西南昌）。至此，孙綝完全操纵了吴国的政权。他便更加恣肆骄横，侮辱怠慢民神，烧毁了大桥头伍子胥庙，又毁坏了佛寺，斩杀道人。

十月，孙綝立琅琊王孙休为吴帝（即吴景帝），孙綝则任丞相、荆州牧。吴景帝孙休初立，孙綝献酒，孙休没有接受。孙綝对左将军张布发了一通怨言，

吴国黄武元年釜。炊器。敛口，深腹，平底。口沿两侧有对称环耳，环耳上各套一长方铁环。下腹满饰均匀的弦纹。近底部有一生铁补丁。为孙吴官府铸铜作坊产品。

谈到想再废孙休立新帝。张布告诉景帝后，孙休怕孙綝发动事变，于是多次赏赐物品，又任孙綝的弟弟孙恩为侍中。然而孙休秘密地和辅义将军张布、左将军丁奉谋划诛杀孙綝之事。十二月初八腊会时，百官朝贺，孙休派张布、丁奉预先埋伏精兵，擒拿斩杀了孙綝，夷灭其三族。并为被孙峻、孙綝杀害的大臣诸葛恪、滕胤等改葬平反，凡受牵连远徙者，均召还。孙权死后吴国政变迭起，至此稍得平息。

朱士行西游取经

　　魏元帝景元元年（260），魏国朱士行从长安赴西域求取佛经，在于阗（今新疆和田一带）得梵书正本《大品般若经》90章，60余万字。

　　朱士行是魏颍川（即今河南禹县）人，于本年依昙柯迦罗所传授戒法出家为僧，矢志献身佛学。他曾在洛阳讲《道行般若经》，该经为东汉灵帝时所译，文句艰涩，多有解释不通之处，因此他决心西行探究梵本。他从长安出发，向西渡流沙抵达于阗得到梵书正本，并于晋太康三年（282）派弟子弗如檀（汉名法饶，于阗人）等10人把经本送归洛阳，后由竺叔兰、无罗叉等于西晋元康年间（291～299）译为汉文《放光般若经》20卷。而他未及东归便客死于阗，终年80岁。他另著有《汉录》，是最早著录汉译佛经的书目，今已佚失。

　　朱士行是第一个著名的出家为僧的汉人，也是第一个讲经与西行求法的中国僧人。他的讲经求法活动促进了当时北方的佛学研究，并为两晋般若学大兴，立下开创风气之功。

姜维连年对魏用兵

　　蜀将姜维承继蜀相诸葛亮遗愿，连年对魏用兵，希望一统中原。魏嘉平元年（249），姜维攻魏雍州（今陕西关中及甘肃东部），无功而还。魏嘉平二年（250）十二月，姜维攻魏西平没有成功。到魏嘉平五年（253）四月，姜维率数万人出石营，攻魏南安（今甘肃陇西），粮尽而退。魏正元元年（254）四月，魏狄道（今甘肃临洮南）长李简秘密修书降蜀。六月，姜维率军攻打魏国陇西（今甘肃陇西东南）。十月，自狄道攻占河关、临洮。蜀军将三县居民迁蜀。魏将徐质与蜀军大战，失败而退，但杀了蜀荡寇将军张嶷。魏正元二年（255）八月，姜维领兵数万攻魏，在洮水西大败魏雍州刺史王经，进围狄道城。魏征西将军陈泰率兵救援，姜维没有料到魏军这么迅速地赶来，只好于九月退兵驻扎钟堤（今甘肃临洮南）。魏甘露元年（256）七月，姜维率军出祁山，得知魏安西将军邓艾早有防备，于是退回。后来邓艾和姜维在段谷（今甘肃天水东南）决战，姜维大败，士卒死伤很多。蜀国人怨声四起，姜维上书谢罪，自求贬官。魏甘露二年（257）十二月，姜维乘魏国内乱，分派关中兵赴淮南（今安徽奉县）攻打诸葛诞之机，领兵出骆谷（今陕西周至西南），攻取秦川。而魏将司马望、邓艾坚守不战。次年二月，姜维退还成都。魏甘露三年（258），姜维撤汉中前线各守军，退守汉、乐二城，想诱敌深入，等其疲乏之时，全军并出，以获全胜。实际上蜀从此自弃险要之地，坐以待毙。

活说 中华文明

英雄辈出的时代

《广陵散》流行

琴曲《广陵散》又名《广陵止息》，三国魏晋时曾以相和楚调但曲的形式，作为"琴、筝、笙、筑之曲"广为流传，当时琴家杜夔、嵇康都擅长弹奏此曲。

《广陵散》曲名的由来已不可考，广陵是郡名，指今江苏淮阴、高邮一带，散是曲名的一种。《广陵散》就是广陵地方的曲调，是一种楚地风格的乐曲。据《乐府诗集》所载，汉代相和楚调曲中就已有《广陵散》。

现存《广陵散》的最早乐谱，见于明代《神奇秘谱》。据该书解题所说，此曲

皇甫谧像。著我国现存最早、内容较完整的针灸学经典专著《针灸甲乙经》。

取自"隋宫中所收之谱"，历唐至宋，辗转流传于后世。明代的谱经过历代琴家陆续加工发展，已长达45段，成为篇幅最为长大的古琴曲之一。全曲分为六部分：开指一段，小序三段，大序五段，正声十八段，乱声十段，后序八段。其中虽有后人增益，但正声前后三部分仍保留着原曲面貌，"曲终歌阕，乱以众契"，结构上明显受相和大曲的影响。嵇康哀叹所谓"《广陵》绝响"，应该是指其自身的演奏技艺而言，乐谱是并未中断的，晋代以后传人也并未断绝。

皇甫谧著针灸经典

魏甘露四年（259），魏晋医学家皇甫谧著我国现存最早、内容较完整的针灸学经典专著《针灸甲乙经》。

皇甫谧（215～282），幼名静，字士安，自号玄晏先生，安定朝那（今甘肃平凉西北）人。他原是一位经学家，42岁时因患关节炎，加之耳聋，便开始钻研针灸医术，终于著成这部针灸经典著作，为针灸学术的发展作出了很大的贡献。所撰还有《寒食散方》两卷，现已散佚，但部分佚文在《诸病源候论》和《医心方》

阮籍像

等书中保存下来。

《针灸甲乙经》原名《黄帝三部针灸甲乙经》，简称《甲乙经》，共10卷，后改为12卷128篇，主要论述医学理论和针灸的技术方法。原书4卷，根据天干的甲、乙、丙、丁顺序编排，故命名《针灸甲乙经》。此书集《素问》、《针经》和《明堂孔穴针灸治要》三书中有关针灸学的内容分类编辑合成。书中论述了脏腑经络、诊法、针灸方法及禁忌，各种疾病的病因病理及症候，针穴治疗取

穴等，特别对针灸孔穴的名称、部位、取穴方法等进行了逐一考证，重新提出穴位的排列方法，即将人体躯干按头、背、面、颈、肩、胸、腹、四肢分三阴三阳经排列穴位，使定位孔穴达到349个，比《内经》增加189个穴位，确定了后世针灸穴位基本排列规则，也开创了后世医家分类编撰医经的先例。

皇甫谧的《针灸甲乙经》是对晋代以前针灸疗法的系统归纳和总结，对针灸的发展起到了重要的作用。该书历代刊行10多次，在唐代及同期稍后的日本、朝鲜等国医事律会中均被列为必读教材，同时也被欧美一些大图书馆收藏。由于书中保存了《内经》等古典医书的内容，也成为研究《内经》古传本的重要依据。

康僧铠译《无量寿经》

魏嘉平四年（252），西域康属沙门康僧铠（有人说是天竺僧人）到洛阳，译出宣传在家居士学出家之戒的《郁伽长者经》（又名《在家出家菩萨戒经》）1卷、宣传西方弥陀净土信仰的《无量寿经》2卷。《无量寿经》被后世佛教净土宗奉为"净土三大部"经典之一，影响较大。其后，佛经翻译日益广泛。

魏正元元年（254），安息国（今伊朗东北）沙门昙谛（亦译作昙无谛，法实），抵达洛阳，在白马寺译出《昙无德（法藏）羯磨》经一卷，对后来律宗独尊《四分律》颇有影响。同一年，西域高僧支疆接（意译正无畏）在交州译出《法华三昧经》（即《正法华经》）六卷，这是《法华经》的第一译（今已佚失）。这些佛经译本对佛经的传播产生了深远影响，也对后世佛经研究提供了资料。

竹林七贤集聚山阳

竹林七贤是三国魏末七位名士的合称。他们是谯国嵇康、陈留阮籍、河内山涛、河内向秀、沛国刘伶、陈留阮咸、琅琊王戎。他们之间交往密切，曾集于山阳（今河南修武）竹林之下纵怀肆意，世称竹林七贤。

高平陵事变以后，当权的司马氏集团一边提倡名教，一边残酷地剪除异己，加紧篡夺魏政权。但政治高压下，仍有一部分名士不愿与司马氏合作，他们对司马氏标榜的虚伪礼教表示深恶痛绝。七贤即是这一部分名士的代表人物。他们的思想大体相同。嵇康、阮籍、刘伶、阮咸始终服膺老庄，越名教而任自然；山涛、王戎则以老庄为主，杂以儒术；向秀则主张名教与自然合一。就其本质而言，他们并不反对"名教"，而是崇尚"自然"的名教。

唐孙位绘《七贤图》卷

砖画竹林七贤

在政治态度上，他们的差别较大。

嵇康、阮籍、刘伶对执掌大权，觊觎魏政权的司马氏集团采取不合作态度；向秀在嵇康被害后被迫出仕；山涛初始"隐身自晦"，40岁后出仕，成为司马氏政权的高官；王戎功名心最盛，在晋政权中任侍中、吏部尚书、司徒等职；阮咸入晋以后，曾经担任散骑侍郎等职，但不为司马炎所重用。

七人文学成就差别极大。阮籍作品今存赋6篇、散文较完整的9篇、诗80余首。他的赋都是短篇小赋，或咏物，或述志，内容不一。论说文都是阐述他的哲学观念的，较全面地反映了他的思想，如《通老论》、《达庄论》、《通易论》等。《大人先生传》是他最长最出色的散文作品。阮籍的诗歌代表了他的主要文学成就，主要作品是五言《咏怀诗》82首。嵇康的文学成就主要体现在诗歌和散文上。他的诗今存50余首，以四言体居多，占一半以上。

代表作有《赠秀才入军》18 首以及《幽愤诗》。他的散文成就超过了诗歌。论说文今存 9 篇，多为长篇，以《养生论》、《声无哀乐论》最为著名。书信今存 2 篇，《与山巨源绝交书》写得泼辣洒脱，为嵇康散文的代表作。向秀仅存《思旧赋》一篇，描写了重睹故人旧序时的感受，表达了对亡友深挚的怀念之情，充满凄清悲凉的情绪。刘伶有《酒德颂》一篇，行文轻灵，语言洗炼，反映了魏晋名士崇尚玄虚、消极颓废的精神面貌。另有《咒辞》1 篇。阮咸精通音律，文字则没能流传下来。山涛、王戎虽然擅长清谈，但似乎不长于文笔。七人中阮籍的五言诗、嵇康的散文，在文学史上占有重要地位。

玄学发展

竹林时期的玄学是玄学的发展期，这时候出现了很多不同的思想。

竹林七贤中嵇康和阮籍的玄学其实是一种生活态度，他们用自然反对名教，对于"自然"在本体论和生存论上的地位的确定都有作用。他们的自然的本质都是和谐，他们都用音乐来说明自然的性质，阮籍把音乐看作天地之体、万物之性。他们的本体论和宇宙论复杂混乱，但归根结底讲究运动和化，因此天地造化和音乐，在他们那里开始联系起来（但未融为一体），嵇康的养生论的神、音乐论的乐也是与化和聚合的事物。

蜜饯出现

　　蜜饯食品在我国历史上由来已久，早在1700年前就已出现。《三国志》一书中就已提到了用蜜浸渍食物的这种我国特有的技术。蜜饯花色品种纷繁多样，色香味俱佳，又便于贮藏，历来为人们所喜爱，并按各地原料乡土口味的不同先后形成了京式、广式、潮式、福式和苏式五大帮派。京式蜜饯又被称为"北蜜"，以果脯为特色，古代多作贡品；广式的奶油话梅和山楂制品也是畅销千古，令人回味无穷；苏式蜜饯更以选料考究，制作精细见长。蜜饯的出现在我国饮食业的发展上有重要的意义。

中国开始大规模造佛像

　　随着印度佛教的逐渐传播，其塑造佛像的艺术技法也传入中国，并且与渊源久远的中国古代雕塑艺术相互融通，形成了中国佛像的仪范。到魏晋南北朝时期，佛教甚为流行，中国大规模地塑造佛像的活动开始了。

　　东汉末年，佛教教义开始同中国传统的伦理和宗教观念相结合，从而得以广泛传播。佛教徒在广陵（今江苏扬州）构筑佛寺，造铜佛。四川彭山崖墓出土的陶"掘钱树"座上塑造的佛像，被塑在传统神仙的位置，姿态、衣纹的处理也和神仙相同，这是东汉期的佛像制造风格，表明这时的佛像塑造是与传统

吴国鎏金铜带饰。浮雕一立佛。

的神仙概念相混合的。其服饰披通肩大衣，可看出受犍陀罗艺术的影响。居中下垂的衣纹，拱手端坐的姿态，却是中国神仙的式样，塑造技法仍属汉代，外来艺术形式和中国本土固有形式的融合十分明显。三国以后，北方的洛阳、南方的建业（南京），都是佛教重镇，可惜洛阳当时十多座佛寺的作品没能保存下来而无从考察佛像的情形。赤乌十年（247），康居沙门康僧会到达建业，设像传教，吴主孙权为其建寺，吴地有系统的佛像塑造开始出现。在今湖北武昌莲溪寺彭庐墓出土的立菩萨鎏金铜带饰，制作于吴永安六年（263），它刻镂简略，风格上承乐汉佛像仪范。在这个不过数厘米高的铜片上，浮雕镂刻一立佛，头上戴冠，有顶光，上身赤裸，披一帔巾，由颈缠到手臂而向两边飘开，下着裙，赤脚站于莲台上，莲台又向左右各伸出莲花一朵。其形式的祖形来自印度，其裙部的衣纹虽因幅面太小而处理较为简单，却正是当时东吴大画家曹不兴"曹衣出水"仪范的具体体现。而在长江中下游吴辖地发现的数例倒贴塑和堆塑坐佛的谷仓罐，则创作于吴末晋初。最初贴塑在仓罐腹四周，后又有堆塑罐的顶部的，位置更趋显赫。江苏南京赵土岗吴凤凰二年（273）陶仓罐、江宁上坊吴天册元年（275）的青瓷罐，堆塑的坐佛像与彭山崖墓的"摇钱树"佛像一脉相承。

到三国时期，我国佛像塑造的规模已经很大了，而且天竺之法和中国本土固有技法融汇贯通，创造出亲切蔼然、为人们所欣赏的中国佛教仪范。在佛像汉化的过程中，逐渐确立了自己特有的雕塑方式，使这一艺术从此走向成熟。

三国

261A.D. 魏景元二年 汉景耀四年 吴永安四年

是岁，鲜卑索头部大人拓跋力微遣其子沙漠汗献于魏，留为质。

262A.D. 魏景元三年 汉景耀五年 吴永安五年

四月，魏辽东郡言肃慎氏贡石砮、弓铠貂皮等。十月，汉姜维攻魏洮阳，邓艾败之于侯和，维退沓中。魏以钟会都督关中诸军事。蜀人蒲元善使淬火自制钢刀。

263A.D. 魏景元四年 汉景耀六年 炎兴元年 吴永安六年

八月，魏钟会、邓艾率兵分道攻汉。十月，吴以汉告急，遣将攻魏。司马昭为相国、晋公，加九锡。十一月，魏邓艾至成都，汉帝刘禅降，敕姜维降于钟会，汉亡。魏分益州为梁州。武陵蛮骚动，吴武陵太守钟离牧压服之。刘徽注成《九章算术》。司马昭杀嵇康。阮籍去世。

264A.D. 魏景元五年 咸熙元年 吴永安七年 吴乌程侯孙皓元兴元年

正月，魏钟会诬邓艾反，诏槛车征艾。会矫诏起兵废司马昭，兵乱，杀会及姜维。监军卫使人杀邓艾于途。三月，司马昭为晋王。迁汉帝刘禅于洛阳，封为安乐公。七月，司马昭奏订礼仪、法律、官制。吴分交州置广州。吴景帝死，群臣迎立乌城侯皓，改元元兴。十一月，吴帝杀其丞相濮阳兴等，夷三族。是岁，魏罢屯田官。

李登著最早的韵书《声类》。

魏大举攻蜀

　　魏景元四年（263）五月，魏帝曹奂下诏令诸军大举攻蜀。兵分三路，以征西大将军邓艾率领 3 万余人自狄道（今甘肃临洮西南）进攻甘松（今甘肃岷县西南）、沓中（今甘肃舟曲西北、岷县南），以抵抗姜维；派雍州刺

由巴蜀通向关中的栈道。三国时代，为移动兵力，临流开凿悬崖，以成道路。道狭而险，但为川、陕之间唯一通路，主要有"陈仓道"和"阴平道"。

史诸葛绪领 3 万余人自祁山（今甘肃礼县东）攻打武街（今甘肃成县西北）、桥头（今甘肃文县东南），以截断姜维归路；让钟会统兵 10 余万，分别从斜谷（今陕西眉县西南）、骆谷（今陕西周至西南）、子午谷（今陕西西安东南）攻汉中。八月，魏军在洛阳誓师攻蜀。

此时，蜀闻魏发兵，于是派廖化赴沓中作为姜维的后继部队，张翼、董厥赴阳安关口（今陕西勉县西）支援。又命前线各部队退守汉（今陕西勉县东）、乐（今陕西成固东）二城。同时，大赦犯人，改年号为炎兴元年。

九月，钟会命李辅、荀恺围攻汉、乐二城，久攻不下。于是，派护军胡烈率军直往阳安关口。关口蜀将蒋舒投降，胡烈便乘机攻城，蜀守将傅佥战死。钟会听说关口已得，便长驱直进，获得众多库藏、粮草。姜维得知钟会诸军已入汉中，想退兵。在强川口（今甘肃舟曲西北）与邓艾派来的杨欣相遇，两军大战，姜维败北。诸葛绪率军阻截姜维，但因一日之差，使姜维退到阴平（今甘肃文县西）。姜维到阴平之后，整兵赶赴关城（今陕西宁强西北）。在途中得知吴城已失守，便退至白水（今四川广元西北），遇廖化、张翼、董厥等人，于是合兵退守剑阁（今四川剑阁北）。

十月，诸葛绪军与钟会军在白水会合。姜维列兵守住险要之处，钟会很久不能攻克。又因魏军粮草运输困难，钟会准备退兵，但邓艾劝阻了他。与此同时，蜀国向吴告急，吴景帝孙休派大将军丁奉率兵攻打寿春（今安徽寿县），又命将军丁封、孙异向沔中救蜀。

在剑阁，钟会久不能胜姜维。于是，邓艾率兵从阴平出发，历尽艰辛，攻打涪县（今四川锦阳东北）。在涪县，邓艾挫败蜀将诸葛瞻（诸葛亮之子）。诸葛瞻退守锦竹。邓艾用琅邪王的封号诱降诸葛瞻。诸葛瞻大怒。于是领兵与邓艾大战，战败身亡。邓艾攻下锦竹之后，即长驱直入，直奔成都。

刘禅降魏·蜀汉灭亡

　　魏景元四年、蜀炎兴元年（263）十一月，邓艾带军从小道突至成都城下，蜀国毫无防备，刘禅出城投降，蜀汉灭亡，共历二帝43年（221～263）。

　　当邓艾兵临成都，蜀君臣见魏军犹如天降，惊惶失措。后主刘禅召集百官商议对策，有的主张投奔孙吴，有的主张逃往南中，光禄大夫谯周力主投

西蜀锥刻戗金黑漆盒盖

降魏国，群臣大多响应，于是后主命侍中张绍等奉玺、绶出城向邓艾投降。刘禅的儿子北地王刘谌极力主战，反对投降。在苦谏刘禅不听的情况下，哭倒于昭烈庙，杀死妻儿后，自杀身亡。刘禅仍不为所动，又派太仆蒋显下诏令姜维投降钟会，姜维无奈暂诈降钟会，伺机而动。至此，蜀汉宣告灭亡。

魏灭蜀，得蜀28万户，94万人，甲士102000多人，吏4万人，以及许

西蜀彩绘贵族生活图漆盘。该器装饰图案继承了汉代重列式构图的风格，人物体态修长，笔墨简练传神。

多金银、锦绮彩绢、谷物等，并且从此占据长江上游，对下游的东吴威胁很大。此次伐蜀的胜利也为司马昭增加了政治资本，为其日后篡夺魏国帝位奠定了基础。

刘禅则被迁至洛阳，封为安乐公。有一天司马昭宴请刘禅，席间演出蜀地歌舞，在座的蜀国人都触景伤情，而刘禅却喜笑自若。司马昭于是感叹道："人之无情，乃至于此，虽使诸葛亮在，不能辅之令全，况姜维邪！"并问刘禅："颇思蜀否？"刘禅答道："此间乐，不思蜀也。"成语"乐不思蜀"即源于此。

刘徽注《九章算术》

魏景元四年（263），魏数学家刘徽注《九章算术》，于本年成书。

《九章算术》是一部成书于汉代的数学经典著作。书中系统总结了先秦至东汉初年的数学成就，其中包括平面面积、粮食交易等9类问题的解法，是我国古代《算经十书》的第一部书，但内容过于简略。刘徽为弥补这一不足，为其做了注解，写成《九章算术注》

刘徽像

九章筭經卷第四

魏 劉徽注

唐朝議大夫行太史令上輕車都尉臣李淳風等奉勅注釋

少廣 以御積冪方圓

少廣 臣淳風等謹按一畝之田廣一步長
其廣故
曰少廣

少廣 二百四十步今欲截取其袤少以益
其廣故曰少廣

術曰置全步及分母子以最下分母徧乘

諸分子及全步 臣淳風等謹按以分母乘
全者通其分也以母乘子
者齊其子也

各以其母除其子置之於左命通

刘徽注《九章算术》（宋刻本）

解决锥体体积时，刘徽原理所用的几何体：鳖臑（左）、阳马（中）、堑堵（右）

9卷。

　　刘徽在《九章算术注》中，最早提出与使用了小数概念，对割圆术计算圆周率、开方不尽、楔形体积求解等问题提出了很多重要的创见。尤其是用割圆术计算圆周率的想法，是世界数学史上最早将初步极限的概念用于解决算学问题的例子。

　　为了推导圆面积的计算公式并推求较精确的圆周率之值，刘徽在圆内作内接正六边形，然后平分每边所对的圆弧，再作圆内接正12边形，再平分作24边形，无限分割下去，"割之弥细，所失弥少。割之又割，以至于不可割，则与圆合体，而无所失矣"。在这里，他创造性地运用了极限思想。用这种方法计算圆周率

是十分科学的，它奠定了此后一千多年中国圆周率计算在世界上的领先地位。祖冲之将圆周率推算到小数点后第七位，正是应用的这种方法。

在解决锥体体积时，他也用无限分割的方法，这就是著名的刘徽原理：将一个堑堵（用一平面沿长方体相对两棱切割得到的楔形立体）分解为一个阳马（直角四棱锥）和一个鳖臑（四面均为直角三角形的四面体），那么这

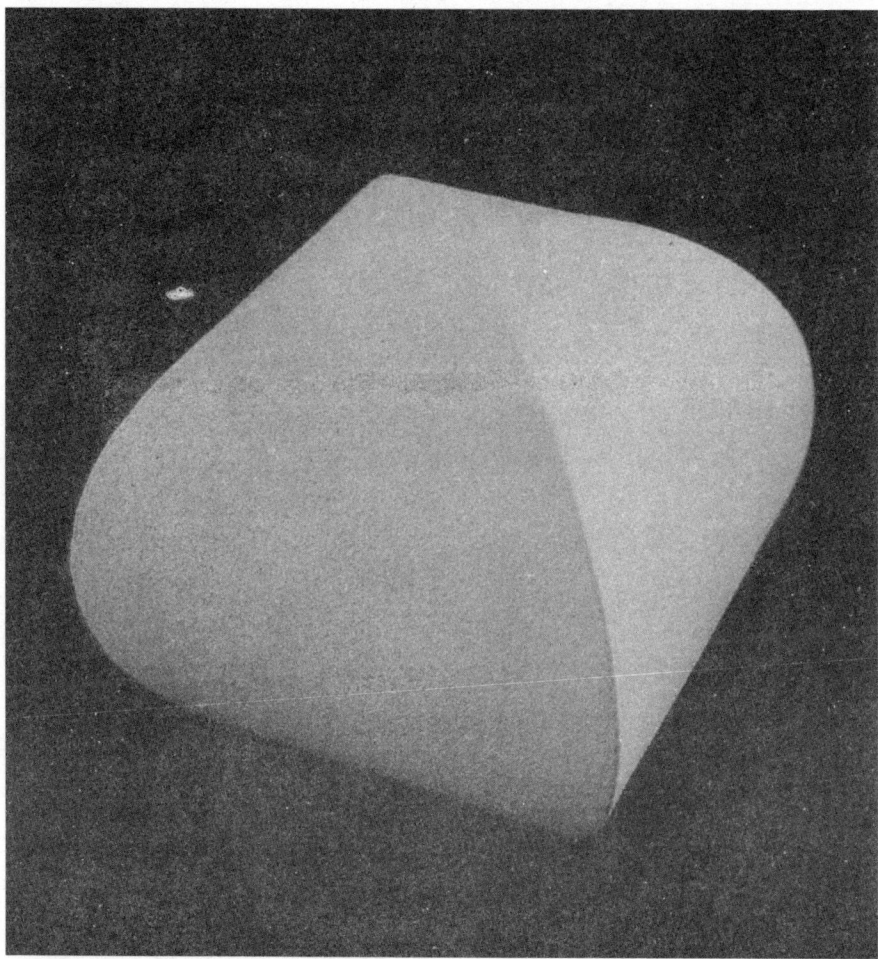

解决球体积时，刘徽所设计的牟合方盖

个阳马的体积永远是鳖臑体积的两倍。用公式表述：阳马体积：鳖臑体积＝2∶1。在以上几种基本几何体体积计算的基础上，刘徽又将其拓展到推导圆形立体的体积算法，提出了一种截割原理。在作外切正四棱台、正四棱锥的前提下，依据截面面积提出：

圆台体积∶外切正四棱台体积＝π∶4，圆锥体积∶外切正四棱锥体积＝π∶4，圆锥侧面积∶外切正四棱锥侧面积＝π∶4，进而论及圆与其外切正方形面积之比为圆面积∶外切正方形面积＝π∶4，他所利用的原理是"若两立体等高处截面面积之比为一常数，则其体积之比也等于同一常数"。这样，刘徽进一步提出了关于解决球体积的设想，他设计了一个牟合方盖，认为内切球体积与牟合方盖的体积之比也是π∶4。这是解决球体积公式的正确途径，但他未能求出牟合方盖的体积。果然，200年后，祖冲之父子推证出了球体积的算法，解决了这个问题，可见他的设想是卓有成效的。

刘徽在书中，还运用了"齐同术"、"今有术"、"图验法"、"棋验法"等多种计算方法，又利用平面图形的分割和重新组合，成功地证明了勾股定理、勾股弦以及它们的和、差的互相推求问题与开平方的方法步骤等。《九章算术注》如今已成为世界科学名著，被译成多种文字出版。刘徽还撰写有《重差》、《九章重差图》各1卷，总结了汉代测算夏至日太阳离地面高度的方法。唐代初年，《九章重差图》失传，《重差》1卷单行本被称为《海岛算经》，且是当时官立算学的重要教材。刘徽处在三国时代的魏国，正是战国文明异化期开始的时间和地点，他在数学上代表了异化倾向。使人难以相信的是异化期的各种不同的倾向和成果都集中于他一个人身上。

刘徽是个批判家，对《九章》派和后人对它的崇拜冷嘲热讽。他反对《九章》范式，注意概念的逻辑性，并在实际中定义概念并运用证明法，证明了初等几何（平

146

面和立体）中的一些定理，并注重模型，因而他实际上走上了证明和理论的道路。他在世界上最早引进十进小数，并给各位以命名，发展了分数算术，提出了"齐同术"，证明了《九章》的最大公约数求法。他意识到联立方程组的方程数必须与未知数一样多，并改善了解法，完善了组合变换术。他建立了内接正多边形求圆的方法，破除了周三往一的观念，求得了3.14的"徽律"，并用类似方法求弓形面积，实质上使用了极限观念。他在前人工作的基础上完善了重差术，它在测量中的功用等于三角学。

刘徽的这些成就，特别是在几何、圆、三角及证明上面的工作使得战国文明出现了希腊式数学的基础，正如希腊晚期出现了战国式的代数基础一样。

嵇康从容就死

魏景元三年（262）十月，魏司马昭杀害名士嵇康。

嵇康（223～262）是三国时曹魏文学家。嵇康出身贫寒，但励志勤学，文学、玄学、音乐等无不博通。身处痛苦黑暗、礼崩乐坏的三国魏晋时代，喜好老庄"非汤、武而薄周、孔"的嵇康放浪形骸、蔑视儒家礼教，与"口不臧否人物"的阮籍等七位魏晋名士，当时号称为"竹林七贤"。嵇康性格激越无碍，刚肠疾恶，轻肆直言。他娶曹操曾孙女长安亭主为妻，属皇室宗亲，所以其政治态度倾向于曹魏集团。司马昭曾想拉拢嵇康，遭其拒绝，从而忌恨他。当时司马昭的心腹钟会也想结交嵇康，受到冷遇，所以两人结仇。后来，嵇康的好友吕安被其兄诬以不孝，他出面为其辩护，钟会即劝司马昭乘机罗织罪名除掉吕、嵇二人。当时朝野上下为此震惊，三千太学生请求赦免嵇康，愿以康为师，均遭拒绝。临刑东市，嵇康神色自若，索琴弹奏一曲《广陵散》，大叹一声："《广陵散》于今绝矣！"从容赴死。

嵇康以诗文名世，尤以散文为高；对于玄学，他洞幽察微颇富见地；对于音乐，他写下了《声无哀乐论》等中国美学史上的名篇。

魏晋砖画进食图。新城魏晋墓砖画中有很多画面描绘奴婢们从事屠宰、炊庖、进食、辎运等杂役。《进食图》描写墓主人宴饮时，一女仆匆匆进食的情景。宴饮的场面虽然没有出现，但从女仆拘谨的神情，快速的步履，令人联想到画外的觥筹之声，和主仆之间不平等的关系。

钟会、邓艾内讧

　　魏景元五年（264）正月，魏灭蜀国不久，魏将钟会、邓艾因争夺战功，相继死于内讧。灭蜀后，邓艾十分骄傲，几次上表司马昭，要乘胜攻打吴国。对此，司马昭却怀疑邓艾是不是要谋反。而此时的钟会非常忌妒邓艾，又因钟会现在独掌军权，于是与蜀降将姜维密谋反魏。为了达到这个目的，钟会一方面模仿邓艾和司马昭的笔迹，删改两人间的信件，使邓艾、司马昭相互猜疑，另一方面与监军卫瓘诬告邓艾要反魏。所以，司马昭下令押邓艾回洛阳治罪。钟会在把艾打入囚车后，假传太后遗诏，准备在成都起兵谋反。姜维为复蜀国而挑动钟会谋反，此时他对钟会说，应该把所有的北来之将都杀死，才能起兵谋反。没想到这一密谋被众将知道，于是众将将钟会和姜维一同杀死。钟会死后，邓艾部下追回囚车，迎邓艾回成都。但卫瓘认为邓艾回成都对自己不利，于是派兵将在锦竹将邓艾父子杀死。这样，平蜀的两员大将钟会、邓艾相继死于自己制造的内讧之中。

孙皓主吴

　　吴永安七年（264）七月，吴景帝孙休病逝，孙皓即吴帝位，改年号为元兴。

吴景帝孙休病危时已无法讲话，便用手写诏召丞相濮阳兴入朝，将儿子孙覃托附于他。二十五日，孙休病逝。此时，蜀国刚刚被魏国所灭，交趾百姓又因官吏贪暴，在郡吏吕兴率领下起兵反吴，在此内忧外患的情势之下，朝廷一片惊慌，官民都盼望能立一长厚君主，力挽狂澜，救吴国于即倒。于是丞相濮阳兴、左将军张布顾不得孙休临终托孤之言，听从左典军万彧的建议，扶立已废太子孙和之子乌程侯孙皓为帝。孙皓即位后，大赦天下，改永安七年为元兴元年。九月，孙皓追尊父孙和为文皇帝，母何氏为太后。

孙皓初掌权之时，颁发优待诏令，体恤士兵、百姓，开仓济贫民，又放宫女匹配民间无妻之人，甚至还将所养禽兽放生，一时间朝野均对其大加称颂，以为得遇明主。但当帝位渐渐巩固之后，孙皓本性显露出来，粗暴骄奢，多疑忌，且沉溺于酒色。濮阳兴和张布都后悔立孙皓为帝，并被左典军万彧密告于孙皓，因此惨遭杀害。吴国朝政从此日益败坏，东吴一步步走向灭亡。

吴国顶罐女俑。左边一女颈部挺直有力，令人觉得其顶罐的重量。右边一女头顶陶罐，斜而不坠，显示其技巧十分熟练，身材丰腴健壮。

魏废民屯

魏咸熙元年（264），魏国废除民屯制度。民屯制度是曹操在汉建安元年（196），为鼓励农业生产在曹魏统治区广泛推行的一种屯粮制度。民屯制度对当时中原农业生产起到了巨大的促进作用。但是到曹魏后期，随着屯田租率越来越高，屯田民不堪负担，民屯制度逐渐严重地阻碍了农业生产。另外，由于屯田民受到严格军事化管理，身份很是低微，朝廷甚至把他们赏

魏晋砖画牧马图

给官僚贵族，这样，土地逐渐被贵族、官僚私占，从而严重地破坏了屯田制度的实施。加之经济效益日趋低下，国家从中无利可图。为此，司马昭以魏元帝曹奂名义正式下命废止民屯。废止民屯后，一方面提高农民的地位，激发他们种田的积极性；另一方面鼓励原蜀国人迁居到中原，增加种田人数。

司马昭之心路人皆知

司马昭执掌魏国朝政时，每每谋想取代魏国，故有"司马昭之心，路人皆知"之说。

司马昭（211～265），字子上，河内温县（今河南温县西）人，司马懿次子。曾任洛阳典农中郎将、散骑常侍、议郎、安西将军、安东将军、中领军、卫将军等职。其兄司马师死后，继为魏大将军。不久，杀魏帝曹髦（高贵乡公），另立一傀儡曹奂（常道乡公）为魏元帝。魏景元四年（263）十月，魏伐蜀大胜。曹奂下诏给司马昭晋升官爵加九锡，在司马郑冲率百官的劝进下，司马昭遂受诏称为相国、晋公，并受九锡。从此，开始了他的禅代之举。之后，平定蜀国，司马昭又进爵为晋王，大权在握。于是司马昭下令改革了旧的礼仪、爵制、官制、法律制度等，并废除民屯、增封10郡。这些都为禅代建立晋朝奠定了基础。魏咸熙二年（265）五月，魏加司马昭殊礼，出入旌旗、车马、乐舞、冕服，如帝王一样。而且进王妃称作后，儿子司马炎立为太子，晋王国官都相同于朝廷所置。然而，本年五月，正当禅代在紧罗密鼓地进行之际，司马昭却病发身亡，将代魏的任务遗留给了自己的儿子司马炎。